主　编　张雪梅
副主编　何　敏　项晨辰
翻　译　胡　萍

魅力上海
CHARMING SHANGHAI

上海外语教育出版社
SHANGHAI FOREIGN LANGUAGE EDUCATION PRESS

图书在版编目（CIP）数据

魅力上海 / 张雪梅主编. -- 上海：上海外语教育
出版社，2024
ISBN 978-7-5446-7814-8

Ⅰ.①魅… Ⅱ.①张… Ⅲ.①汉语—对外汉语教学—
教材 Ⅳ.①H195.4

中国国家版本馆 CIP 数据核字（2023）第 122393 号

本书配套的《海派百工》系列视频由上海汐梦文化传媒有限公司授权，特此感谢。

出版发行：**上海外语教育出版社**
（上海外国语大学内）邮编：200083
电　　话：021-65425300 (总机)
电子邮箱：bookinfo@sflep.com.cn
网　　址：http://www.sflep.com
责任编辑：梁瀚杰

印　　刷：上海锦佳印刷有限公司
开　　本：890×1240　1/16　印张 9.5　字数 241千字
版　　次：2024年3月第1版　2024年3月第1次印刷

书　　号：ISBN 978-7-5446-7814-8
定　　价：50.00元

本版图书如有印装质量问题，可向本社调换
质量服务热线：4008-213-263

前 言

　　提起上海，人们通常会想起"国际大都市"，其实，上海自古以来还是江南文化的重要组成部分，而且在其发展过程中吸引、汇聚了众多的文化元素，形成了独树一帜的"海派文化"，散发出独特的魅力。

　　《魅力上海》共设8个单元，分别为"问好""交通""问路""饮食""集体出行""购物""休闲娱乐""买票攻略"，以上海的方方面面为主要内容，是一套集纸质出版物与数字资源于一体的新型融媒体教材。本教材对标《国际中文教育中文水平等级标准》（简称《等级标准》）和《国际中文教育用中国文化和国情教学参考框架》（简称《参考框架》），通过情景对话、实际应用、文化拓展和城市小贴士等设计，融语言教学与文化国情介绍于一体，在帮助学习者进一步提升汉语水平和能力的同时，介绍作为国际大都市的上海和作为海派文化发源地的上海，并通过相关教学内容和教学环节的设计，让学习者对上海城市精神产生直观而具体的认识，了解为何人们常常使用"海纳百川、追求卓越、开明睿智、大气谦和"来形容上海，了解中国文化的多元性和对各种地域性优秀文化的包容，从而积极全面地解读上海和中国。

　　《魅力上海》秉持"以学习者为中心，以语言使用为主"，贯彻"体验式学习"理念，以"行动型教学"（Action-oriented Approach）为指导，精心设计教学各环节，从学习者汉语学习和实际使用需求出发，提供视频和各种数字教学资源，真实地再现或模拟真实语言使用情境，带给学习者生动的沉浸式体验，鼓励学习者在聆听和观察中学习、在跟读模仿中练习、在真实语境中实践和使用、在实际操练中进一步提升语言能力和文化理解力。通过不同认知层次和模块的学习，学习者可以在完成交际任务的同时，自然而然地提高自身的跨文化语言交际能力，还能在文化知识、文化理解、跨文化意识和文化态度等方面有所提升，增进对目标语国家的社会文化认同，并在关联讨论等开放性任务的设计中增进国际理解。

　　教材每个单元有三篇情景对话类课文（3段对话+情景交互类视频微课）、一篇文化拓展文章（附文化视频资源）和一篇上海城市小贴士（附城市介绍类视频）。三篇课文难度呈梯度上升，其中第1和第2篇课文的难度大致适合《等级标准》二级、三级水平的学习者，第3篇课文、文化拓展和城市小贴士部分大致适合《等级标准》四级水平的学习者。具体结构如下：

● **学习目标：**
　　对教师的教学和学生的学习有一个统一明确的说明。教师可根据学生的情况灵活调整，亦可方便学生发挥自主学习的能动性。

● **热身：**

通过视频，对本单元的话题和主要学习内容进行课前导入。

● **课文（3段对话+情景交互类视频微课）：**

旨在呈现语言实际使用的场景、话题及关键表达，提升学生"使用语言做事情"（教学目标）的能力；由演员出演3个场景的交互视频，帮助学生快速掌握实用的汉语。这是本教材的核心部分。

● **注释：**

对口语表达、词汇和文化常识所做的说明。

● **你来说：**

练习难度逐步增加，学习者通过这一活动，将逐步提升独立使用所学的表达进行交际的能力。这也是本教材的核心部分。

● **文化拓展：**

对标《参考框架》中国文化和国情的教学目标，将语言和文化融于一体，旨在介绍上海的文化特色和非物质文化遗产。

● **学习档案：**

通过关联性、开放性及互动的问题，来引导学习者充分调动语言及文化资源，形成个性化学习成果，便于过程性评价的实施。

● **城市小贴士：**

真实展示上海的面貌和发展现状，让更多的人了解上海的魅力和中国的国情与发展。

本教材（附视频资源）设计的学时为每课4—5学时，总计32—40学时，适用于初、中级国际中文学习者，尤其是《等级标准》三级和四级水平的中文学习者，旨在为学习者提供最真实的中文交际教学，令其在短期内掌握基本、地道的中文对话。本教材适合来上海参加中文夏令营的营员、来上海从事商务或旅游的海外人士以及想了解中国和上海的汉语学习者，也可作为初、中级汉语视听说教材、听说教材或口语教材。

本教材入选教育部中外语言交流合作中心"国际中文教育精品教材1+2工程"项目。

目 录

第一单元　问好 ………………………………………………… 　1

第二单元　交通 ………………………………………………… 　17

第三单元　问路 ………………………………………………… 　35

第四单元　饮食 ………………………………………………… 　53

第五单元　集体出行 …………………………………………… 　73

第六单元　购物 ………………………………………………… 　91

第七单元　休闲娱乐 …………………………………………… 109

第八单元　买票攻略 …………………………………………… 127

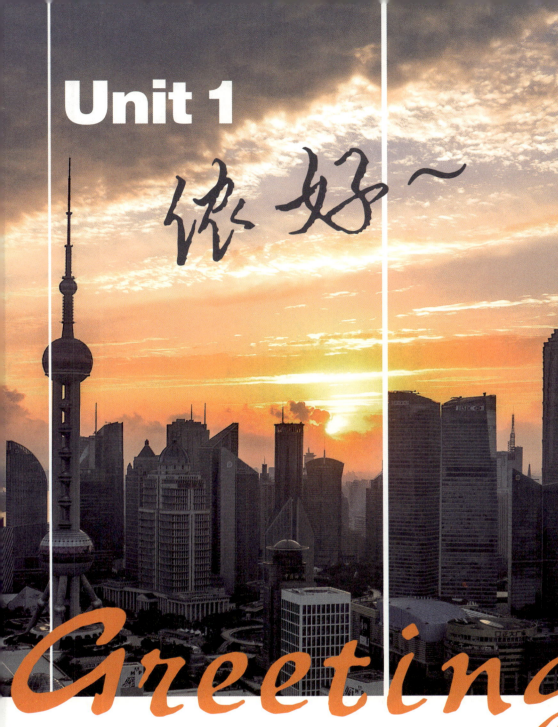

Unit 1

侬好~

Greeting

学习目标
Learning Objectives

第一单元
问好

➢ 学会向他人介绍自己。
Learn to introduce yourself to others.

➢ 学会在不同的场合使用合适的称呼。
Learn to address people properly on different occasions.

➢ 了解中国人的姓氏表达。
Learn the ABC of Chinese surnames.

TEXT 1

请问
这儿是
上外吗？
Is this SISU?

热身 Warming-up

看视频**V1-1**，回答下列问题。

Watch the video V1-1 and answer the following questions.

1. 马丽塔和艾伯特在哪儿？
2. 马丽塔在做什么？
3. 艾伯特是老师吗？

生词与短语 Words and Expressions

1	志愿者 zhìyuànzhě	n.	volunteer	
2	夏令营 xiàlìngyíng	n.	summer camp	参加夏令营
3	学生 xuéshēng	n.	student	大学生；留学生
4	欢迎 huānyíng	v.	welcome	欢迎光临
5	老师 lǎoshī	n.	teacher	王老师；听力课老师
6	高兴 gāoxìng	adj.	happy; glad	很高兴
7	认识 rènshi	v.	know; be/become acquainted with	我认识你
8	迎宾馆 yíngbīnguǎn	n.	guest hotel	

对话 Dialogue

（志愿者马丽塔正在校门口等候本届夏令营营员，这时，来自德国的学生艾伯特向她走了过来……）
(Marita, a volunteer, is waiting for the campers at the school gate. Albert, a student from Germany, walks towards her...)

Àibótè：Nǐ hǎo, qǐngwèn zhèr shì Shàngwài ma?
艾伯特：你好，请问 这儿是 上 外 吗？
Albert: Excuse me, is this SISU?

Mǎlìtǎ：Duì, zhèr shì Shànghǎi Wàiguóyǔ Dàxué.
马丽塔：对，这儿是 上海 外国语 大学。
Marita: Yes, this is Shanghai International Studies University (SISU).

Àibótè：Nǐ hǎo, wǒ shì xiàlìngyíng de xuéshēng.
艾伯特：你好，我是 夏令营 的 学生 。
Albert: Hello, I'm here to attend the summer camp.

Mǎlìtǎ：Nǐ hǎo, huānyíng lái Shànghǎi, huānyíng lái Shàngwài!
马丽塔：你好， 欢迎 来 上海 ， 欢迎 来 上外 ！
Marita: Hello. Welcome to Shanghai and welcome to SISU!

Àibótè：Xièxie!
艾伯特：谢谢！
Albert: Thank you!

Mǎlìtǎ：Nǐ jiào shénme míngzi?
马丽塔：你叫 什么 名字？
Marita: What's your name?

Àibótè：Wǒ jiào Àibótè. Nǐ ne?
艾伯特：我 叫 艾伯特。你呢？
Albert: My name is Albert. And your name, please?

马丽塔： Mǎlìtǎ ： Wǒ jiào Mǎlìtǎ ． Nǐ shì nǎ guó rén?
马丽塔：我 叫 马丽塔。你 是 哪 国 人？
Marita: My name is Marita. Where do you come from?

艾伯特： Àibótè ： Wǒ shì Déguó rén． Nǐ shì lǎoshī ma?
艾伯特：我 是 德国 人。你 是 老师 吗？
Albert: I'm German. Are you a teacher?

马丽塔： Mǎlìtǎ ： Bù， wǒ shì xiàlìngyíng zhìyuànzhě． nǐ shì Déguó nǎlǐ rén?
马丽塔：不，我 是 夏令营 志愿者 。你 是 德国 哪里 人？
Marita: No. I'm a volunteer of the summer camp. Which city do you come from?

艾伯特： Àibótè ： Wǒ shì Mùníhēi rén．
艾伯特：我 是 慕尼黑 人。
Albert: I'm from Munich.

马丽塔： Mǎlìtǎ ： Hěn gāoxìng rènshi nǐ．
马丽塔：很 高兴 认识 你。
Marita: Nice to meet you.

艾伯特： Àibótè ： Hěn gāoxìng rènshi nǐ．
艾伯特：很 高兴 认识 你。
Albert: Nice to meet you, too.

马丽塔： Mǎlìtǎ ： Zǒu ba， wǒmen qù Shàngwài Yíngbīnguǎn.
马丽塔：走 吧，我们 去 上外 迎宾馆 。
Marita: OK, I will take you to the SISU Guest Hotel. Let's go!

注释 Notes

1 欢迎来上外。

"上外"是上海外国语大学的简称。 "SISU" 是上海外国语大学的英文简称。

[例如]：

我是**上外**的留学生。

她在**上外**工作。

2 ——你叫什么名字？
——我叫艾伯特。

"叫"在这里是称呼、称谓的意思。

[例如]：

你可以**叫**我小王。

——这个水果**叫**什么？

——这个水果**叫**火龙果。

3 **你是哪国人？**

"哪"是疑问词，用于询问。

[例如]：

哪本书是你的？

你喜欢**哪**件衣服？我给你买。

你来说 Let's Talk

1 **根据对话内容，回答问题。**
Answer the following questions according to the dialogue.

1. 马丽塔是夏令营的老师吗？

2. 艾伯特是哪里人？

3. 马丽塔和艾伯特准备一起去哪儿？

2 **情景对话：马克与何老师第一次见面。根据这个情景，分别选择不同的角色，展开对话。**
Pair work: Mark meets his teacher, Ms. He, for the first time. Play roles in this situation and make a conversation with your partner.

3 **小组讨论：问问你班里或宿舍里的同学们都来自哪些国家，是什么地方的人，并且会说哪些语言。**
Group work: Inquire of your classmates or roommates about where they come from and how many languages they can speak.
例：艾伯特来自德国，是慕尼黑人，他会说德语、英语和汉语。

TEXT 2

咖啡算我的！
Coffee's on me!

看视频**V1-2**，写下称呼。

Watch the video V1-2 and write down how each person is addressed.

职业	性别	称呼
出租车司机	男	师傅
咖啡店服务员	女	
学生	女	

生词与短语 Words and Expressions

1	咖啡	kāfēi	n.	coffee	热咖啡；黑咖啡
2	麻烦	máfan	v.	bother; trouble	麻烦您了
3	约	yuē	v.	make an appointment	约人吃饭；约会
4	姑娘	gūniang	n.	girl; young woman	小姑娘；漂亮的姑娘
5	前面	qiánmian	n.	front	就在前面
6	迟到	chídào	v.	be/come/arrive late	我迟到了
7	久等	jiǔ děng		wait for a long time	让您久等了
8	堵	dǔ	v.	stop up; block up; choke; jam	堵车；路上很堵
9	准时	zhǔnshí	adj.	punctual	准时到达
10	冰	bīng	n.	ice	冰水；冰块
11	乌龙茶	Wūlóng chá	n.	oolong tea	
12	小笼包	xiǎolóngbāo	n.	steamed buns	一两小笼包；一客小笼包
13	次	cì	measure word	time	下次；第二次
14	服务员	fúwùyuán	n.	waiter; waitress	

对话 Dialogue

（马丽塔和艾伯特约好9:00在咖啡店见面，现在已经9:00了，马丽塔还在路上……）
(Marita is going to meet Albert at the coffee shop at 9:00. It's 9:00 but she is still on her way...)

（在出租车上……）
(In the taxi...)

Mǎlìtǎ：Shīfu，máfan nín kāi kuài yìdiǎnr，wǒ 9 diǎn yuē le rén.
马丽塔：师傅，麻烦 您 开 快 一点儿，我 9 点 约 了 人。
Marita: Hurry up, please. I have an appointment at 9.

Shīfu：Xiǎo gūniang，bié zháojí，qiánmian jiù dào le.
师傅：小 姑娘，别 着急，前面 就 到 了。
Driver: Don't worry, young lady, we are almost there.

（在咖啡店里……）
(In the coffee shop...)

Mǎlìtǎ：Àibótè，bùhǎo yìsi，wǒ chídào le. Ràng nǐ jiǔ děng le.
马丽塔：艾伯特，不好 意思，我 迟到 了。让 你 久 等 了。
Marita: Hi, Albert! I'm sorry for keeping you waiting for a long time.

艾伯特：Àibótè：Méi guānxi，xiànzài shì zǎo gāofēng，lùshang hěn dǔ，suàn bu zhǔn shíjiān.
艾伯特：没 关系，现在 是 早 高峰，路上 很 堵，算 不 准 时间。
Albert: It doesn't matter. With all the traffic in the morning rush hour, it's hard to be punctual.

马丽塔：Mǎlìtǎ：Tiānqì zhème rè，nǐ yào bu yào hē bēi bīng kāfēi？
马丽塔：天气 这么 热，你 要 不 要 喝 杯 冰 咖啡？
Marita: It's so hot today. Would you like a cup of iced coffee?

艾伯特：Àibótè：Wǒ hē bīng nátiě，nǐ hē shénme？
艾伯特：我 喝 冰 拿铁，你 喝 什么？
Albert: Sure. I want a cup of iced latte. How about you?

马丽塔：Mǎlìtǎ：Wǒ hē bīng Wūlóng chá.
马丽塔：我 喝 冰 乌龙 茶。
Marita: Iced Americano.

艾伯特：Àibótè：Hǎode，wǒ qù mǎi.
艾伯特：好的，我 去 买。
Albert: Okay, I'll get that.

马丽塔：Mǎlìtǎ：Jīntiān wǒ chídào le，kāfēi suàn wǒ de！Rúguǒ xiàcì wǒ zài chídào，wǒ qǐng nǐ chī xiǎolóngbāo.
马丽塔：今天 我 迟到 了，咖啡 算 我 的！如果 下次 我 再 迟到，我 请 你 吃 小笼包 。
Marita: It's on me this time since I was late. If I'm late next time, I'll treat you to steamed buns.

艾伯特：Àibótè：Hǎoba，xièxie nǐ.
艾伯特：好吧，谢谢 你。
Albert: Well, thank you.

马丽塔：Mǎlìtǎ：Fúwùyuán，zhèbiān diǎn dān.
马丽塔：服务员，这边 点 单。
Marita: Waiter, order please.

注释 Notes

1 **现在是早高峰，路上很堵，算不准时间。**

高峰时间也叫作交通高峰，指一天中车辆多且集中的一段时间，有早高峰和晚高峰。一般来说，早、晚高峰时间段分别在上午7点至9点、下午5点至7点半。

[例如]：

开车出行，最好避开**早、晚高峰**期。

现在是**早高峰**，很难打车。

2 **天气这么热，你要不要喝杯冰咖啡？**

"这么+adj."表示程度高。

[例如]：

这么好的天气，我们应该去公园转转。

下**这么大**的雨，我们别去了吧。

"v./adj.＋不＋v./adj."构成正反疑问句。

[例如]：

明天你**去不去**学校？

今天的菜**好不好**吃？

3 **今天我迟到了，咖啡算我的！**

"算我的"是口语表述，意思是"我来付钱"。

"算"表示当作、认作。

[例如]：

今天这顿饭**算我的**。

出租车钱**算我的**。

4 **如果下次我再迟到，我请你吃小笼包。**

"如果……(的话)"表示假设。

[例如]：

如果明天天气好，我们就去爬山。

如果不努力学习 **(的话)**，就不会有好成绩。

你来说 Let's Talk

1 **根据对话内容，回答问题。**
Answer the following questions according to the dialogue.

1.马丽塔为什么迟到了？

2.艾伯特喝什么咖啡？

3.今天谁请客？

2 **情景对话：琳琳和朋友一起在咖啡店点单。根据这个情景，分别选择不同的角色，展开对话。**
Pair work: Linlin and her friends are at a coffee chop, and they want to order something to drink. Play roles in this situation and make a conversation with your partner.

3 **小组讨论：你喜欢喝咖啡还是喝茶？你喜欢哪一款咖啡或茶？一天喝几杯呢？**
Group work: Do you like to drink coffee or tea? Which kind of coffee or tea do you prefer? How many cups do you drink per day?
例：马克喜欢喝冰的美式咖啡和热的卡布奇诺。他一天喝两杯咖啡，早上喝一杯，下午喝一杯。

TEXT 3

您怎么称呼呢?
How can I address you?

热身 Warming-up

看视频 V1-3，回答下列问题。

Watch the video V1-3 and answer the following questions.

1. 艾伯特是哪个班的学生?
2. 艾伯特的老师姓什么?
3. 艾伯特和老师是第一次见面吗?

生词与短语 Words and Expressions

1	初次	chūcì	n.	the first time	初次见面
2	称呼	chēnghu	v.	address	怎么称呼
3	姓	xìng	n.	surname	您贵姓？
4	幸会	xìnghuì	v.	glad to meet you	幸会幸会
5	请教	qǐngjiào	v.	ask for advice	向老师请教
6	刚才	gāngcái	adv.	just now	刚才的事
7	介绍	jièshào	v.	introduce	自我介绍；介绍一下
8	时候	shíhou	n.	time	……的时候
9	有些	yǒuxiē	pron.	some	有些人；有些东西
10	发音	fāyīn	n.	pronunciation	中文发音
11	相近	xiāngjìn	adj.	similar	意思相近
12	法	fǎ	n.	method, way	写法；想法；读法
13	说明	shuōmíng	v.	explain	说明一下
14	如此	rúcǐ	pron.	in this way	原来如此
15	感谢	gǎnxiè	v.	thank	感谢您

对话 Dialogue

（艾伯特和章老师在学校里初次见面……）
(Albert meets his teacher Ms. Zhang for the first time on campus.)

Àibótè：Nín hǎo, wǒ jiào Àibótè, shì xiàlìngyíng de xuéshēng. Nín zěnme chēnghu ne？
艾伯特：您 好，我 叫 艾伯特，是 夏令营 的 学生 。您 怎么 称呼 呢？
Albert: Hello, I'm Albert, a student of the summer camp. How can I address you?

Zhāng lǎoshī：Wǒ xìng Zhāng, lì zǎo Zhāng, nǐ kěyǐ jiào wǒ Zhāng lǎoshī.
章 老师：我 姓 章，立 早 章，你 可以 叫 我 章 老师。
Ms. Zhang: Hello, you can call me Ms. Zhang, and Zhang made of "li" and "zao" is my surname.

Àibótè：Zhāng lǎoshī, xìnghuì xìnghuì！Wǒ xiǎng qǐngjiào nín yí gè wèntí：Gāngcái nín jièshào zìjǐ de
艾伯特：章 老师，幸会 幸会！我 想 请教 您 一个 问题：刚才 您 介绍 自己 的
shíhou, wèishénme yào shuō "lì zǎo Zhāng" ne？
时候，为什么 要 说 "立 早 章" 呢？
Albert: Glad to meet you, Ms. Zhang. I have a question. Just now when you introduced yourself, you talked about "li" and "zao". Why did you say so?

Zhāng lǎoshī: Yīnwèi yǒu xiē Zhōngguó rén de xìng fāyīn hěn xiāngjìn, suǒyǐ, Zhōngguó rén jiù zài jièshào
章 老师: 因为 有些 中国 人的姓 发音很 相近, 所以, 中国 人就在 介绍
zìjǐ de shíhou, bǎ xìng de xiěfǎ yě shuōmíng yí xià. Bǐrú, wǒ xìng Zhāng, jiù shuō
自己的 时候, 把 姓 的 写法 也 说明 一下。比如, 我 姓 章, 就说
zìjǐ shì lì zǎo Zhāng. Xìng Zhāng ne, jiù shuō shì gōng cháng Zhāng. Zhèyàng yìlái, jiù
自己是 立早 章 。姓 张 呢,就说 是 弓 长 张 。这样 一来, 就
bú huì nòng cuò le.
不会 弄 错了。

Ms. Zhang: Well, you know, some surnames may share the same pronunciation. So it's better to make it clear by dividing the Chinese character into its parts. My surname is the "Zhang" made of "li" and "zao", and it is not made of "gong" and "chang". In this way, mistakes can be avoided.

Àibótè: Yuánlái rúcǐ a. Fēicháng gǎnxiè!
艾伯特: 原来 如此 啊。 非常 感谢!
Albert: Oh, I see. Thank you very much!

Zhāng lǎoshī: Bú kèqi.
章 老师: 不客气。
Ms. Zhang: You're welcome.

注释 Notes

1 **因为有些中国人的姓发音很相近，所以，中国人就在介绍自己的时候， 把姓的写法也说明一下。**

"因为……所以……"表示一种因果关系，即"因为"的后面是事情发生的原因，"所以"的后面是事情的结果。

[例如]：

因为我不舒服，**所以**今天没去学校。

因为她是老师，又姓何，**所以**我叫她何老师。

2 **比如，我姓章，就说自己是立早章。**

"比如"表示举例，常用于口语。我们也可以用"例如"。

[例如]：

这学期课很多，**比如**口语课、书法课、剪纸课。

比如，你可以申请奖学金去中国留学。

3 **这样一来，就不会弄错了。**

"这样一来"在口语中常表示承接上文所述情况。

[例如]：

一定要常常微笑，**这样一来**，你的运气才会越来越好。

这样一来，同学们的学习兴趣便大大提高了。

4 **原来如此啊。**

"原来如此"指发现真实情况。

[例如]：

原来如此，我明白了。

听了老师的讲解，我才知道**原来如此**啊！

你来说 Let's Talk

1 **根据对话内容，回答问题。**
Answer the following questions according to the dialogue.

1. 艾伯特的老师怎么称呼？

2. 章老师自我介绍的时候，为什么说"立早章"？

3. "幸会幸会"是什么意思？

2 **情景对话：马克实习时初次见到公司的同事张东。根据这个情景，分别选择不同的角色，展开对话。**
Pair work: Mark meets his colleague Zhang Dong for the first time in his internship. Play roles in this situation and make a conversation with your partner.

3 **小组讨论：说说在你们国家，人们初次见面时是怎么问好并介绍自己的。有哪些一定会用到的表达呢？**
Group work: Tell us how people greet each other in your country. What expressions are used when they introduce themselves to others for the first time?
例：在中国，人们初次见面一般会先打招呼，说"你好""你们好"。然后，他们还会简单介绍自己的名字，说"我叫王华"。

文化拓展
Cultural Notes

1 看视频**V1-4**（《海派百工》第二季第36集《海派旗袍盘扣技艺》），回答下列问题。
Watch the video V1-4 and answer the following questions.

1. 她是什么时候来上海的？
2. 她为什么要来上海？
3. 视频里的盘扣颜色、造型都一样吗？你最喜欢哪种盘扣？

2 阅读文章，与同学一起讨论，谈谈你想起一个什么中文名字。

　　中国人的名字一般分为单字名和双字名。那么，哪些名字最受欢迎呢？据调查，最受欢迎的单字名是"伟"，使用人数为323.6万；最受欢迎的双字名是"秀英"，使用人数为216.9万。

　　目前中国人最常见的10个单字名依次为：伟、敏、静、杰、丽、勇、涛、艳、军、强。其中，男性使用较多的单字名为：伟、杰、勇、涛、军、强，而女性使用较多的单字名为：敏、静、丽、艳。

　　在中国，最常见的10个双字名依次为：秀英、桂英、秀兰、玉兰、婷婷、建华、桂兰、玉梅、秀珍、海燕。值得注意的是，这10个双字名里，男性使用较多的仅有"建华"，其余常见双字名都是女性在使用。

学习档案
Learning Portfolios

根据下列场景分别写出3个有用的句子。
Write 3 useful sentences based on the following scenarios.

场景1：在公司第一次见同事。
Scenario 1: You meet your colleague for the first time in the company.

_____

_____

_____

场景2: 和朋友在电影院见面，但自己迟到了10分钟。
Scenario 2: You're supposed to meet a friend at the cinema, but you are 10 minutes late.

_____

_____

_____

场景3：初次见到学校办公室的老师。
Scenario 3: You meet a teacher for the first time at the school office.

_____

_____

_____

城市小贴士
Overview of Shanghai

     上海，简称"沪"，别名"申"。经过6000多年的发展，上海从一个小渔村变成了一个国际大都市。1949年以来，上海的经济和社会面貌发生了巨大的变化，成为中国最大、最繁华的城市之一，也是中国最具代表性的城市之一。上海的城市精神是"海纳百川、追求卓越、开明睿智、大气谦和"，上海的目标是建设成为国际经济、金融、贸易、航运、科技创新中心。未来，上海将成为令人向往的创新之城、人文之城、生态之城。

Unit 2

Transportation

学习目标
Learning Objectives

第二单元
交通

➤ **学会询问出行路线。**
Learn to ask for travel routes.

➤ **学会如何在上海坐地铁。**
Learn to travel by the subway in Shanghai.

➤ **学会商量选择最佳出行。**
Learn to choose the best route.

TEXT 1

去东方明珠坐几号线?

Which line takes me to Dongfang Mingzhu (the Oriental Pearl)?

热身 Warming-up

看视频**V2-1**，回答下列问题。

Watch the video V2-1 and answer the following questions.

1. 马克打算去哪里玩？
2. 他需要坐地铁几号线？
3. 他要在哪一站换乘呢？

生词与短语 Words and Expressions

1	去	qù	v.	go to; leave for	去学校；去咖啡店；去电影院
2	东方明珠	Dōngfāng Míngzhū		the Oriental Pearl Tower	
3	坐	zuò	v.	travel by / on	坐地铁；坐巴士；坐飞机；坐船
4	几	jǐ	num.	how many; a few	几岁；几位；星期几；几月
5	号	hào	measure word	number	8号线；几号线
6	线	xiàn	n.	line	3号线
7	先	xiān	adv.	first	先洗手；后吃饭
8	然后	ránhòu	conj.	then; after that	先吃饭；然后去人民广场
9	在	zài	prep.	at; in	在学校；在门口；在教室
10	人民广场	Rénmín Guǎngchǎng		the People's Square	人民广场是上海有名的景点
11	换	huàn	v.	change; substitute	换车；换乘
12	哪儿	nǎr	pron.	where	在哪儿；去哪儿
13	下车	xiàchē	v.	get off/ out of a vehicle	在人民广场下车
14	陆家嘴	Lùjiāzuǐ		Lujiazui	坐地铁去陆家嘴
15	站	zhàn	n.	station; stop	地铁站；公交站；火车站
16	口	kǒu	n.	opening	出口；入口；门口
17	出来	chūlai	v.	come out	从2号口出来

对话 Dialogue

(马克打算去东方明珠，但他不知道该怎么坐地铁过去，他准备问一下丽丽……)
(Mark wants to go to Dongfang Mingzhu (the Oriental Pearl), but he doesn't know how to get there by the subway, and he is asking Lili about it...)

马克： 丽丽，去 东方 明珠 坐 几 号 线？

Mǎkè： Lìli， qù Dōngfāng Míngzhū zuò jǐ hào xiàn？

Mark: Lili, which line takes me to Dongfang Mingzhu (the Oriental Pearl)?

丽丽： 我建议 先 坐 8 号 线， 然后 在 人民 广场 换 2 号 线。

Lìli： Wǒ jiànyì xiān zuò 8 hào xiàn， ránhòu zài Rénmín Guǎngchǎng huàn 2 hào xiàn.

Lili: My suggestion is to take Line 8 first, and then switch to Line 2 at Renmin Guangchang (the People's Square).

马克： 在 哪儿 下车 呢？

Mǎkè： Zài nǎr xiàchē ne？

Mark: At which station do I get off?

丽丽： 在 陆家嘴 下车 。

Lìli： Zài Lùjiāzuǐ xiàchē.

Lili: You can get off at Lujiazui station.

马克： 8 号 线 坐 几 站？

Mǎkè： 8 hào xiàn zuò jǐ zhàn？

Mark: How many stops are there on Line 8?

丽丽： 8 号 线 坐 五 站， 2 号 线 坐 两 站 。

Lìli： 8 hào xiàn zuò wǔ zhàn， 2 hào xiàn zuò liǎng zhàn.

Lili: 5 stops on Line 8, and 2 stops on Line 2.

马克： 几 号 口 出来 呢？

Mǎkè： Jǐ hào kǒu chūlai ne？

Mark: Which exit should I take?

丽丽： 1 号 口 。

Lìli： 1 hào kǒu.

Lili: Exit 1.

注释 Notes

1 去东方明珠坐几号线？

"去+地方+坐几号线"，"号"是量词，放在数字和名词之间。

[例如]：

去人民广场坐几号线？

去朱家角坐17号线。

2 先坐8号线，然后在人民广场换2号线。

"先……，然后……"分别连接分句，表示事情发生时间的先后顺序。

[例如]：

——你早上起来干什么？

——我先吃早饭，然后去上学。

——听说在上海坐地铁又快又安全。

——是的，上海地铁有安检，**先**通过安检，**然后**再进站。

3 8号线坐几站？

"站"表示中途停留转运的地方，"下一站"就是接下来停车的地方。

[例如]：

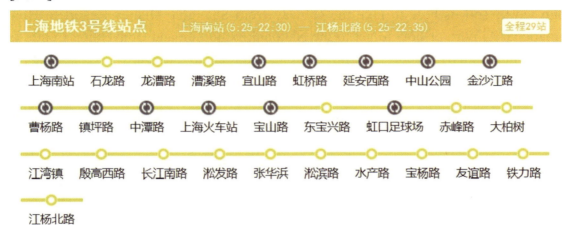

在上海火车站上车，如果在宝山路下车，就是1**站**；如果在虹口足球场下车，就是3**站**。

4 "二"和"两"

和量词一起用时，一般用"两"，比如"两个""两天"。

"二"常用于序数，比如"第二""二号楼"。

[例如]：

我买了**两**只苹果。

现在是下午**两**点。

今天第**二**节课是英语课。

我们在**二**号楼上课。

你来说 Let's Talk

1 根据对话内容，回答问题。

Answer the following questions according to the dialogue.

1. 马克最后需要在哪一站下车？
2. 他一共需要坐几站？
3. 他需要从几号口出去呢？

2 情景对话：马克在地铁上询问其他乘客还有几站到陆家嘴站。根据这个情景，分别选择不同的角色，展开对话。

Pair work: Mark is on the subway now, and he is asking other passengers how many stops there are to Lujiazui station. Play roles in this situation and make a conversation with your partner.

3 小组讨论：请你说一说从迪士尼到虹桥国际机场或者从虹桥火车站到国家会展中心(进博会场馆)该如何乘坐地铁。

Group work: Tell us how to take the subway from Shanghai Disney Resort to Hongqiao International Airport, or how to get to the National Exhibition and Convention Center (site of the China International Import Expo) from Hongqiao Railway Station.

例：我们可以在陆家嘴乘坐地铁×号线，往×方向……

TEXT 2

请安检！

Please have a security check!

热身 Warming-up

看视频**V2-2**，回答下列问题。

Watch the video V2-2 and answer the following questions.

1. 视频中有几个人，他们分别是谁？
2. 他们现在在哪儿？
3. 他们想做什么？

生词与短语 Words and Expressions

1	卡	kǎ	n.	card	信用卡；地铁卡；生日卡
2	服务台	fúwùtái	n.	service desk	去服务台；找服务台
3	充	chōng	v.	deposit (money); recharge	充钱；充值
4	忘	wàng	v.	forget	忘了时间；忘了这个字怎么写
5	带	dài	v.	bring; take	带手机；带书；带作业；带地铁卡
6	没关系	méi guānxi		It doesn't matter.	
7	买	mǎi	v.	buy	买地铁票；买纪念品；买礼物
8	票	piào	n.	ticket	地铁票；车票；电影票
9	自动售票机	zìdòng shòupiàojī	n.	ticket vending machine	一台自动售票机
10	能	néng	v.	can	这台自动售票机不能用现金
11	用	yòng	v.	use	用钱；用支付宝；用中文名字
12	人民币	Rénmínbì	n.	RMB	用人民币
13	金额	jīn'é	n.	amount of money	充值金额；购物金额
14	安检	ānjiǎn	n.	security check	通过安检
15	意思	yìsi	n.	meaning	什么意思；字面意思
16	需要	xūyào	v.	need	需要时间；需要学习
17	明白	míngbai	v.	understand	我明白你的意思了

对话 Dialogue

（马克和由美来到了地铁站，马克拿出了地铁卡，准备去服务台充值。）

(Mark and Yumi have arrived at the metro station. Mark takes out his subway card and prepares to deposit some money into it at the service desk.)

Yóuměi: Mǎkè, wǒ wàng dài dìtiě kǎ le.
由美： 马克，我 忘 带地铁卡了。
Yumi: Oh, Mark, I forgot to bring my subway card.

Mǎkè: Méi guānxi, mǎi piào ba.
马克： 没 关系，买 票 吧。
Mark: It's okay. We can buy tickets then.

（由美和马克来到自动售票机前，看了看屏幕，发现不能用50块钱的人民币。）

(Yumi and Mark go to the ticket vending machine, and they find it does not accept ¥50 notes.)

由美：自动 售票机 不 能 用 50 块 钱 的 人民币。
Yumi: The ticket vending machine doesn't accept ¥50 notes.

马克：走 吧，我们 去 服务台。
Mark: Well, let's go to the service desk.

（两人来到服务台。）
(They are at the service desk now.)

由美：您 好，我 要 换 50 块 钱 零钱。
Yumi: Excuse me, I want some change for ¥50.

售票员：好 的。(对马克)你 呢？
Salesperson: OK. How about you?

马克：你好，充 20 块 钱。
Mark: I want to put ¥20 into my card.

售票员：充 20，卡里 金额 22 块 钱。
Salesperson: OK, deposit ¥20 into the card. Now, the balance of the card is ¥22.

马克：谢谢！
Mark: Thank you!

（大包、小包请上机安检。）
(Please have a security check.)

马克：由美，"安检" 是 什么 意思？
Mark: Yumi, what does "anjian" mean?

由美："安检" 就是 安全 检查。你的 书包 需要 安检。
Yumi: "Anjian" means security check. Your schoolbag needs to be checked.

马克：明白 了。谢谢。
Mark: I see. Thank you.

注释 Notes

1 我忘带地铁卡了。

"我忘带……了"表示忘记带某样东西。

[例如]：

我**忘带**房卡**了**。

我**忘带**护照**了**。

2 **自动售票机不能用50块钱的人民币。**

人民币有纸币 (notes) 和硬币 (coins)。纸币有1元 (块钱)、5元、10元、20元、50元和100元，硬币有1角、5角和1元。

3 **我要换50块钱零钱。**

意思是把50元纸币换成较小面额的纸币或硬币。"换"可以有多种用法。

[例如]：

换钱　　**换**零钱　　**换**衣服

4 **充20块钱。**

这里"充"表示往卡里加钱、充值。

[例如]：

充20块钱，卡里金额22块钱。

我的校园卡里只有1块钱了，我要到自助充值机那里去**充**100块钱。

你来说 Let's Talk

1 **根据对话内容，回答问题。**

Answer the following questions according to the dialogue.

1. 马克打算给地铁卡充多少钱？

2. 充值后，他的卡里还有多少钱？

3. 他坐地铁需要安检吗？为什么？

2 **情景对话：马克想向售票处的工作人员询问卡内余额，并打算充100块。根据这个情景，分别选择不同的角色，展开对话。**

Pair work: Mark wants to ask the salesperson about the balance in his subway card and plans to deposit ¥100 into it. Play roles in this situation and make a conversation with your partner.

3 **小组讨论：说说你平时都会用到哪些充值卡。你会在卡里充很多钱吗？为什么？**

Group work: Do you have cards that need a deposit? What are they used for? Do you usually deposit a lot of money into them? Why or why not?

例：我的校园卡是充值卡。我不会在卡里放很多钱，因为用手机可以随时充值，很方便。

TEXT 3

明天 我也去坐观光巴士！

I'll take the sightseeing bus tomorrow!

热身 Warming-up

看视频 **V2-3**，回答下列问题。

Watch the video V2-3 and answer the following questions.

1. 马丽塔、丽丽和艾伯特今天打算去哪里玩儿？
2. 他们一天为什么能去这么多地方？
3. 他们今天玩得开心吗？

生词与短语 Words and Expressions

1	上海博物馆	Shànghǎi Bówùguǎn		Shanghai Museum	去上海博物馆参观
2	观光巴士	guānguāng bāshì	n.	sightseeing bus	一辆观光巴士；双层观光巴士
3	南京路	Nánjīng Lù		Nanjing Road	南京路很好玩
4	外滩	Wàitān		the Bund	外滩的夜景很美
5	豫园	Yùyuán		Yuyuan Garden	豫园在上海很有名
6	新天地	Xīntiāndì		Xintiandi	新天地有很多外国人
7	浦东滨江	Pǔdōng Bīnjiāng		Riverside Promenade of Pudong	我们在浦东滨江大道看夜景
8	快速	kuàisù	adj.	fast; quick	快速到达；快速学习
9	恐怕	kǒngpà	adv.	(indicating an estimation) perhaps; probably; maybe	明天恐怕会下大雨
10	景点	jǐngdiǎn	n.	tourist spot	有名的景点；必须去的景点
11	抓紧时间	zhuājǐn shíjiān		hurry up	抓紧时间学习；抓紧时间吃饭
12	美景	měijǐng	n.	beautiful scenery	看美景；欣赏美景
13	美食	měishí	n.	delicious food	品尝美食；热爱美食
14	上海环球金融中心	Shànghǎi Huánqiú Jīnróng Zhōngxīn	n.	Shanghai World Financial Center	上海环球金融中心是很有名的景点
15	滨江大道	Bīnjiāng Dàdào	n.	Riverside Avenue	去滨江大道散步
16	发现	fāxiàn	v.	find; discover	发现新路线；发现新方法

对话 Dialogue

(马丽塔、丽丽和艾伯特在上海博物馆门口发现了一个观光巴士站。)

(Marita, Lili and Albert find a sightseeing bus stop in front of the Shanghai Museum.)

Lìli : Nǐmen kàn! Guānguāng bāshì, néng qù Nánjīng Lù, Wàitān, Yùyuán, Xīntiāndì hé Pǔdōng
丽丽: 你们 看! 观光 巴士, 能 去 南京 路、外滩、豫园、新天地 和 浦东
Bīnjiāng, dōu shì wǒmen jīntiān dǎsuàn qù de dìfang.
滨江, 都 是 我们 今天 打算 去 的 地方。

Lili: Look! The sightseeing bus can take us to Nanjing Road, the Bund, Yuyuan Garden, Xintiandi and Pudong Riverside. All of them are places we plan to visit today.

Àibótè : Tài hǎo le! Hái búyòng zhǎo lù, fāngbiàn yòu kuàisù. Búguò, piàojià kǒngpà bù piányi.
艾伯特: 太 好 了! 还 不用 找 路, 方便 又 快速。不过, 票价 恐怕 不 便宜。

Albert: Great! So we do not need to find the way then. It's so convenient. Wait, I guess the ticket price is probably not cheap.

Lìli : Yírìpiào bú tài guì, zhǐ yào sānshí duō kuài. Chēshang de jǐngdiǎn jièshào yǒu Zhōng, Yīng, Rì,
丽丽: 一日票 不太 贵, 只 要 三十 多 块。 车上 的 景点 介绍 有 中、英、日、
Hán, É, Xī, Dé, Fǎ bā guó yǔyán ne.
韩、俄、西、德、法 八 国 语言 呢。

Lili: Not that much. It's ¥30 for a one-day ticket. Eight languages are offered on this bus: Chinese Mandarin, English, Japanese, Korean, Russian, Spanish, German, and French.

Mǎlìtǎ : Guānguāng bāshì lái le, wǒmen xūyào zhuājǐn shíjiān.
马丽塔: 观光 巴士来 了, 我们 需要 抓紧 时间。

Marita: The sightseeing bus is coming. Be quick to make our decisions.

Lìli : Hǎo de. Jīntiān wǒmen jiù zuò guānguāng bāshì kàn měijǐng, chī měishí.
丽丽: 好 的。今天 我们 就 坐 观光 巴士看 美景、吃 美食。

Lili: OK. Let's take the sightseeing bus to see the beautiful scenery and appreciate delicious food.

(马丽塔、丽丽和艾伯特玩回来有点饿,他们打算去食堂吃点东西,在那里他们碰到了卡米拉,就聊了一会儿天。)

(Marita, Lili and Albert are a little hungry after the journey, and they plan to go to the cafeteria to have something to eat, where they meet Camilla and chat for a while.)

Kǎmǐlā : Jīntiān nǐmen qù nǎr wánr le?
卡米拉: 今天 你们 去 哪儿 玩儿 了?

Camilla: Where did you go today?

Mǎlìtǎ : Shàngwǔ wǒmen xiān qùle Shànghǎi Bówùguǎn, Nánjīng Lù hé Wàitān, ránhòu qù Yùyuán chīle
马丽塔: 上午 我们 先 去了 上海 博物馆、南京 路和 外滩, 然后 去 豫园 吃了
xiǎolóngbāo, xiàwǔ guàngle Xīntiāndì, cānguānle Shànghǎi Huánqiú Jīnróng Zhōngxīn 100 céng
小笼包, 下午 逛了 新天地, 参观了 上海 环球 金融 中心 100 层
guānguāng tīng, bàngwǎn zài Bīnjiāng Dàdào kàn měijǐng.
观光 厅, 傍晚 在 滨江 大道 看 美景。

Marita: We first went to the Shanghai Museum, Nanjing Road and the Bund, then went to Yuyuan Garden to eat steamed buns in the morning. In the afternoon we visited Xintiandi and the sightseeing deck on the 100th floor of the Shanghai World Financial Center, and we watched the beautiful scenery on Riverside Avenue in the evening.

卡米拉： Yì tiān qù nàme duō dìfang, wǒ kǒngpà bù xíng.
卡米拉： 一 天 去 那么 多 地方， 我 恐怕 不 行 。
Camilla: Wow, how can you make it? I'm afraid I can't visit so many places just in a day.

艾伯特： Méiyǒu guānguāng bāshì, wǒmen yě bù xíng.
艾伯特： 没有 观光 巴士，我们 也 不 行 。
Albert: Well, we couldn't do it without a sightseeing bus.

丽丽： Wǒmen zài bówùguǎn ménkǒu fāxiàn le yí gè guānguāng bāshì zhàn, yúshì jiù shàng chē, zài sījī
丽丽： 我 们 在 博物馆 门口 发现 了 一 个 观光 巴士 站，于是 就 上 车，在 司机
　　　　nàr mǎile piào.
　　　　那儿 买了 票 。
Lili: Yeah, we found a sightseeing bus stop in front of the museum, so we got on the bus and bought tickets from the driver.

马丽塔： Zhè shì guānguāng bāshì de shǐyòng shǒucè, tǐng hǎo de, gěi nǐ ba.
马丽塔： 这 是 观光 巴士的 使用 手册，挺 好 的，给 你 吧。
Marita: This is the manual for the sightseeing bus. It's useful and you can take it.

卡米拉： Tài hǎo le！ Xièxie！ Míngtiān wǒ yě qù zuò guānguāng bāshì!
卡米拉： 太 好 了！谢谢！ 明天 我 也 去 坐 观光 巴士!
Camilla: Great! Thanks a lot. I'll take the sightseeing bus tomorrow!

注释 Notes

1 太好了!

表示非常赞同对方的建议，很高兴接受建议。

[例如]：

——坐地铁去东方明珠吧。

——**太好了!** 坐地铁又快又便宜。

——我们晚饭后去外滩，好吗?

——**太好了!** 外滩的夜景最美了。

2 还不用找路。

到一个新地方，找路很麻烦，但是坐观光巴士就不需要找路了。

"不用+v."这里的"不用"是不需要的意思，常用在口语中。

[例如]：

上海很多公园都**不用**买票。

妈妈**不用**担心我，我在上海很好。

3 票价恐怕不便宜。

说话人担心观光巴士的票价可能会比较贵。

"恐怕"用在句子中表示可能会出现不希望发生的或者令人担心的事。

[例如]：

明天**恐怕**会下雨，别忘带伞哦。

我的地铁卡里**恐怕**没钱了，我先充值，你等我一下。

4 我们在博物馆门口发现了一个观光巴士站，于是就上车，在司机那儿买了票。

因为在博物馆门口发现了一个观光巴士站，所以很快就决定买票坐观光巴士游玩。

"于是"常用来连接前后句子，表示因为上一件事情的出现，马上发生了下一件事情。

[例如]：

我发现水果店里的苹果很新鲜，**于是**买了8个苹果。

校园卡里没钱了，**于是**我用手机app充了50块钱。

你来说 Let's Talk

1 根据对话内容，回答问题。
Answer the following questions according to the dialogue.

1. 马丽塔、丽丽和艾伯特都去哪里玩了？

2. 他们在哪里发现了观光巴士站？

3. 观光巴士的一日票需要多少钱？

2 情景对话：马克想向观光巴士的售票员询问一下票价。根据这个情景，分别选择不同的角色，展开对话。
Pair work: Mark wants to ask the conductor about the ticket price of the sightseeing bus. Play roles in this situation and make a conversation with your partner.

3 小组讨论：说说你在上海平时喜不喜欢出行。你经常会去哪里？会用到哪些交通工具（如公交车、地铁、出租车、共享单车）？
Group work: Do you like visiting some tourist attractions since you came to Shanghai? How did you get there? By which means of transportation (e.g. bus, metro, taxi, shared bike)?
例：我平时喜欢出去转转。我不会去太远的地方，一般都是学校附近的商场和景点，所以我会骑车或者坐地铁过去。

文化拓展
Cultural Notes

1 看视频**V2-4**(《海派百工》第二季第24集《海派京剧名家脸谱画》),回答下列问题。
Watch the video V2-4 and answer the following questions.

    1. 他是从什么时候开始学画脸谱画的?

    2. 脸谱画上为什么要有各种颜色?

2 阅读文章,与同学一起讨论,谈谈在你的国家哪些颜色有特别的意思。

        脸谱来源于中国古代的面具,一般指京剧花脸演员和丑角演员面部的彩色化妆,也是一种用于舞台演出时的化妆造型艺术。脸谱上的颜色,特别是主色,很有讲究,这是因为不同的颜色可以代表角色的性格特点。比如红色代表忠诚、勇敢,黑色代表正直、无私,蓝色代表刚强,白色代表阴险、狡诈,绿色代表顽强、暴躁,黄色代表骁勇、凶猛,金色、银色代表各种神怪形象。内行的观众可以通过脸谱的主色来区分好人和坏人,如《三国》中忠诚勇敢的关羽是红脸,而阴险狡诈的曹操就是白脸。

学习档案
Learning Portfolios

根据下列场景分别写出3个有用的句子。
Write 3 useful sentences based on the following scenarios.

场景1: 向同学询问如何搭乘地铁去上海博物馆。
Scenario 1: Ask your classmates how to take the subway to go to the Shanghai Museum.

_____

_____

_____

场景2: 向食堂工作人员询问如何给校园卡充值。
Scenario 2: Ask the canteen staff how to deposit money in your student card.

_____

_____

_____

场景3: 向其他同学讲述自己有趣的出行体验。
Scenario 3: Share one of your interesting travel experiences with your classmates.

_____

_____

_____

城市小贴士
Overview of Shanghai

上海致力于发展公共交通事业，向普通大众提供出行便利。经过多年的努力，已经形成了地上地下多维立体交通网络。比如，过去人们想要往返浦东、浦西，只能坐船，交通不便。而现在，黄浦江下建造了延安路、复兴路等15条隧道，黄浦江上架起了南浦、杨浦、卢浦等12座大桥。人们可以按需选择坐船过江、坐车过隧道、坐车过桥或者坐地铁等出行方式往返浦东和浦西。

另外，上海地铁的总里程已超过700千米，居世界首位。上海已经建成了15条地铁线，拥有415个地铁站，每天有超过1000万人次涌入地铁站，奔赴上海各个角落，而新的地铁线也在不断落成。对于游客来说，坐地铁去景点、车站或机场都是不错的选择。

上海的交通已步入高速发展的时代，人们的出行方式也日新月异，共享单车、网约车、无人驾驶出租车等新型出行方式比传统出行方式更加绿色环保、方便快捷，因此受到了人们的欢迎。

Unit 3

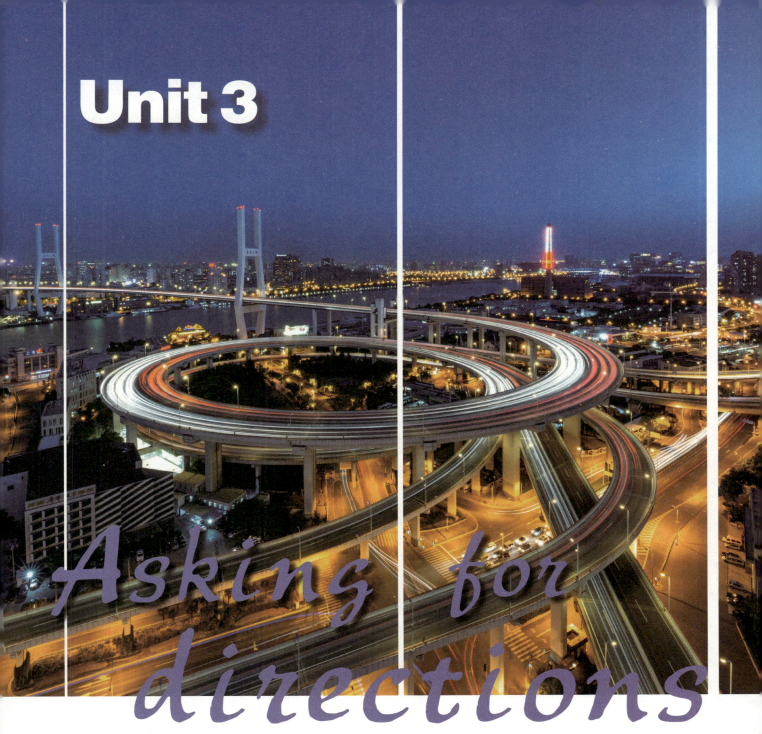

Asking for directions

学习目标
Learning Objectives

第三单元
问路

➤ 学会询问如何到达目的地。
Learn to ask how to get to your destination.

➤ 学会如何推荐一个好地方。
Learn to recommend an ideal place for visiting.

➤ 学会如何表达担心。
Learn to express your concerns in an appropriate way.

TEXT 1

请问一号楼在哪儿？

Excuse me, could you please tell me where Building No. 1 is?

热身 Warming-up

看视频**V3-1**，回答下列问题。

Watch the video V3-1 and answer the following questions.

1. 一号楼是校园里最高的楼吗？
2. 从学校西门走到龙之梦要多久？
3. 艾伯特要去的地铁站叫什么？

生词与短语 Words and Expressions

1	龙之梦	Lóngzhīmèng		Longzhimeng (shopping mall)	去龙之梦吃饭
2	最	zuì	adv.	most	最好;最漂亮;最好吃
3	楼	lóu	n.	building	一号楼;教学楼
4	同学	tóngxué	n.	schoolmate	大学同学;同学们
5	请问	qǐngwèn		excuse me; may I ask	
6	里	lǐ	n.	interior; inside	校园里;房间里
7	知道	zhīdào	v.	know	知道怎么走
8	条	tiáo	measure word	used for long, thin things (ribbon, river, etc.)	一条河;一条裙子;一条裤子
9	一直	yìzhí	adv.	straight; always; all along; all the way	一直走;一直认真学习
10	到	dào	v.	arrive	到上海学习
11	一起	yìqǐ	adv.	together	一起学习;一起走
12	左	zuǒ	n.	left	左边;往左转;往左看
13	转	zhuǎn	v.	turn	往右转
14	直走	zhí zǒu	v.	go straight	
15	马路	mǎlù	n.	road	一条马路
16	右	yòu	n.	right	右边;右转;往右看
17	多长时间	duō cháng shíjiān		how long	
18	大概	dàgài	adv.	probably	大概知道
19	分钟	fēnzhōng	measure word	minute	5分钟;几分钟;多少分钟

对话 **Dialogue**

（艾伯特刚来学校不久，他对周围的路还不熟悉，有时需要向同学请教。）

(Albert is new here, and he is not familiar with the routes around the university. He needs to ask his schoolmates for help from time to time.)

Àibótè : Tóngxué, nǐhǎo! Qǐng wèn, yīhàolóu zài nǎr?
艾伯特 同学，你好！请问，一号楼在哪儿？
Albert: Excuse me, could you please tell me where Building No. 1 is?

Xuéshēng : Nǐ kàn, xiàoyuán lǐ zuì gāo de lóu jiùshì yīhàolóu.
学生 ：你看，校园里最高的楼就是一号楼。
Student: Look, the tallest building on campus is Building No. 1.

Àibótè : Wǒ zhīdào le, yánzhe zhè tiáo lù yìzhí zǒu jiù dào le.
艾伯特：我知道了，沿着这条路一直走就到了。
Albert: OK, I see. Walk along this road, right?

Xuéshēng : Shìde, wǒ yě qù yīhàolóu, nǐ gēn wǒ yìqǐ zǒu ba.
学生 ：是的，我也去一号楼，你跟我一起走吧。
Student: Yes. I am going there, and you can follow me.

Àibótè : Lìli, qù Lóngzhīmèng zěnme zǒu?
艾伯特：丽丽，去龙之梦怎么走？
Albert: Lili, how can I go to Longzhimeng (shopping mall)?

Lìli : Chū xuéxiào xīmén hòu zuǒzhuǎn, ránhòu zhízǒu, Lóngzhīmèng zài mǎlù de yòubian.
丽丽：出学校西门后左转，然后直走，龙之梦在马路的右边。
Lili: Go out of the west gate and turn left, then walk straight. You can see it on the right side of the road.

Àibótè : Zǒu duō cháng shíjiān?
艾伯特：走多长时间？
Albert: How long does it take?

Lìli : Dàgài shí fēnzhōng.
丽丽：大概十分钟。
Lili: About 10 minutes.

Àibótè : Qù 3 hào xiàn dìtiě zhàn zěnme zǒu?
艾伯特：去3号线地铁站怎么走？
Albert: How do I get to the metro station of Line 3?

Lìli : Chū xīmén yòuzhuǎn, zhízǒu 5 fēnzhōng, zuǒbian jiù shì 3 hào xiàn Chìfēnglù zhàn.
丽丽：出西门右转，直走5分钟，左边就是3号线赤峰路站。
Lili: Turn right from the west gate, then go straight for about 5 minutes. Chifeng Road Station of Line 3 is on your left side.

注释 Notes

1 请问，一号楼在哪儿?

当你想要非常礼貌地询问信息，特别是在路上向陌生人问路时，常常会对对方说："您好！请问……?"

[例如]：

老师，**您好**！**请问**五号楼在哪儿?

阿姨，**您好**！**请问**去食堂怎么走?

2 校园里最高的楼就是一号楼。

"最+adj."表示形容词最高级。

[例如]：

上海是中国**最大的**城市之一。

现在，上海中心大厦是上海**最高的**楼。

3 去龙之梦怎么走?

"去……怎么走?"用来询问到达附近目的地的步行路线。

[例如]：

去3号线赤峰路地铁站**怎么走**?

去18路公共汽车站**怎么走**?

4 走多长时间?

"……多长时间?"用来询问时间长度。

[例如]：

一节课上**多长时间**?

走路去一号楼要**多长时间**?

你来说 Let's Talk

1 根据对话内容，回答问题。
Answer the following questions according to the dialogue.

1.学校里最高的楼是几号楼?

2.去一号楼怎么走?

3.艾伯特是一个人去一号楼吗?

2 情景对话：马克在校园内询问去篮球场应该怎么走。根据这个情景，和同学一起展开对话。

Pair work: Mark wants to know the way to the basketball court on campus. Play roles in this situation and make a conversation with your partner.

3 小组讨论：你有过迷路的经历吗？你是怎么解决这个问题的？请你说一说该如何向他人询问路线。

Group work: Have you ever had the experience of getting lost? How did you find your way out? Tell us how to ask someone for directions.

例：

我迷路的时候，会询问路人："您好，请问×××该怎么走？"

TEXT 2

哪家咖啡馆好？

Which café is good?

热身 Warming-up

看视频**V3-2**，回答下列问题。

Watch the video V3-2 and answer the following questions.

1. 学校里有咖啡馆吗？

2. 咖啡馆在食堂的几楼？

3. 学校外边的咖啡馆多吗？

生词与短语 Words and Expressions

1	学校	xuéxiào	n.	school	我们学校；去学校
2	有	yǒu	v.	have; there is	他有书；学校有咖啡店
3	咖啡馆	kāfēi guǎn	n.	café	一家咖啡馆
4	哪里	nǎlǐ	pron.	where	学校在哪里
5	拐角	guǎijiǎo	n.	corner	马路的拐角
6	面包店	miànbāo diàn	n.	bakery	一家面包店
7	旁边	pángbiān	n.	side; adjacent place	学校旁边
8	外边	wàibian	n.	outside	学校外边
9	附近	fùjìn	n.	vicinity; neighbourhood	学校附近
10	推荐	tuījiàn	v.	recommend	推荐一下；推荐推荐
11	路口	lùkǒu	n.	crossing; intersection	一个路口
12	试	shì	v.	try	试试

对话 Dialogue

（艾伯特想喝咖啡了，可是他不知道学校的咖啡馆在哪儿……）
(Albert wants to have a cup of coffee, but he doesn't know where the café is on campus ...)

Àibótè： Qǐng wèn xuéxiào lǐbian yǒu kāfēi guǎn ma?
艾伯特： 请 问 学校 里边 有 咖啡 馆 吗？
Albert: Excuse me, is there a café on campus?

Lìli： Yǒu de, yǒu yì jiā zài shítáng yī lóu.
丽丽： 有 的，有 一家 在 食堂 一楼。
Lili: Yes, you can find it on the first floor in the dining hall.

Àibótè： Shítáng yī lóu nǎlǐ yǒu kāfēi guǎn? Wǒ méi jiànguò a.
艾伯特： 食堂 一楼 哪里 有 咖啡 馆？我 没 见过 啊。
Albert: Really? I haven't seen it before.

Lìli： Jiù zài yī lóu guǎijiǎo de miànbāo diàn pángbiān.
丽丽： 就 在 一楼 拐角 的 面包 店 旁边 。
Lili: It's at the corner on the first floor, next to the bakery.

Àibótè： Nà xuéxiào wàibian ne?
艾伯特： 那 学校 外边 呢？
Albert: Then what about the cafés outside the campus?

Lìli： Lóngzhīmèng fùjìn yǒu hěn duō jiā.
丽丽： 龙之梦 附近 有 很 多 家。
Lili: Many cafés can be found around Longzhimeng.

艾伯特： Àibótè : Yǒu tuījiàn de ma？ Nǎ jiā hǎo？
艾伯特： 有 推荐 的 吗？ 哪家 好？
Albert: Do you have any recommendations? Which café is good?

丽丽： Lìli : Cóng Lóngzhīmèng wǎng nán zài zǒu yí gè lùkǒu， mǎlù duìmiàn yǒu yì jiā búcuò， míngzi jiào "Měijǐng
丽丽： 从 龙之梦 往 南再 走 一个 路口， 马路 对面 有 一家 不错， 名字 叫 "美景
Kāfēi".
咖啡"。
Lili: I have one in mind. Starting from Longzhimeng, you can walk south and pass another crossing, and it's on the other side of the road. It's called Meijing Café.

艾伯特： Àibótè : Hǎode， xièxie， wǒ qù shìshi.
艾伯特： 好的， 谢谢， 我 去 试试。
Albert: Thank you very much. I'll go there and have a try.

注释 Notes

1 学校里边有咖啡馆吗？

说话人想询问学校里面是不是存在咖啡馆。

"处所＋有(＋数量短语)＋名词短语"这个句式里的"有"表示存在。

[例如]：

食堂一楼**有**一家咖啡馆。

龙之梦附近**有**很多家咖啡馆。

2 在一楼拐角的面包店旁边。

咖啡馆在食堂一楼拐角的面包店旁边。

这里的"旁边"是方位词，方位词的使用格式是："(A)在B里/外边(面)/旁边"。

[例如]：

银行**在**学校**外面**。

公园**在**学校**旁边**。

3 有推荐的吗？

说话人想了解情况，请别人向自己进行推荐。这里的"有"表示具有、拥有。

[例如]：

我想找一家不错的咖啡馆，你**有推荐的吗**？

我想买一个新手机，你**有推荐的吗**？

你来说 Let's Talk

1 根据对话内容，回答问题。
Answer the following questions according to the dialogue.
1. 艾伯特知道食堂一楼有咖啡馆吗？
2. 丽丽说的学校里面的咖啡馆在哪儿？
3. 丽丽向马克推荐了哪个咖啡馆？

2 情景对话：马克喜欢吃奶油蛋糕，想请朋友推荐一家甜品店，朋友向他推荐了红宝石面包店的奶油小方，这家店在龙之梦商场B1层。根据这个情景，和同学一起展开对话。
Pair work: Mark likes to eat cream cakes and he wants his friend to recommend a dessert shop. His friend recommends the cream cube cake of Ruby Bakery. This bakery is located on the B1 level of Longzhimeng (shopping mall). Play roles in this situation and make a conversation with your classmate.

3 小组讨论：你平时喜欢去探店吗？你喜欢去咖啡店还是甜品店呢？你能向朋友们推荐一家店，并且告诉大家怎么去吗？
Group work: Do you like to visit and explore shops? Do you prefer to go to a coffee shop cr a dessert shop? Can you recommend a shop to your friends and tell them how to get there?
例：我喜欢探店。我喜欢去咖啡店。学校附近的龙之梦商场里面有一家"皮爷咖啡"，我经常去那里喝咖啡。不太远，大家可以走路过去，走15分钟就到啦。

TEXT 3

你好，无人驾驶出租车。

Hello, this is a driverless taxi.

热身 Warming-up

看视频V3-3，回答下列问题。

Watch the video V3-3 and answer the following questions.

1. 谁在给艾伯特打电话？
2. 艾伯特在学校哪个门？
3. 他附近有什么标志吗？

生词与短语 Words and Expressions

1	无人驾驶	wúrén jiàshǐ		driverless, unmanned driving	
2	眼见为实	yǎnjiàn wéishí		Seeing is believing.	
3	果然	guǒrán	adv.	sure enough	
4	危险	wēixiǎn	n.	danger; risk	有危险
5	成熟	chéngshú	adj.	mature	成熟的人；成熟的技术
6	实时	shíshí	adj.	live	实时新闻
7	导航	dǎoháng	n.	navigation	导航系统
8	屏幕	píngmù	n.	screen	大屏幕
9	自动	zìdòng	adj.	automatic	自动开门；自动驾驶
10	遇到	yùdào	v.	encounter; run into	遇到麻烦；遇到朋友
11	识别	shíbié	v.	identify; recognize	识别身份；识别真假
12	处理	chǔlǐ	v.	deal with; manage	处理事务
13	礼让行人	lǐràng xíngrén		yield to pedestrians	
14	靠边停车	kàobiān tíngchē		pull over	
15	心跳	xīntiào	v.	heart beats	心跳的感觉
16	难忘	nánwàng	v.	unforgettable	难忘的日子；难忘的感觉
17	体验	tǐyàn	n.	experience	特别的体验；全新的体验
18	带来	dài lái	v.	bring; bring about	带来希望；带来麻烦
19	古漪园	Gǔyī Yuán		Guyi Garden	

对话 Dialogue

（艾伯特和马丽塔上午在上海嘉定区的汽车博览公园玩儿，现在准备去吃南翔小笼包。马丽塔刚在手机上叫了车，车就来了……）

(Albert and Marita visit the Auto Expo Park in Jiading District in Shanghai this morning, and now they want to eat Nanxiang steamed buns. Marita has just called a taxi on her mobile phone and the taxi is coming...)

Àibótè： Nǐ wèishénme yòng zhè gè app jiào chē?
艾伯特： 你 为什么 用 这个app 叫 车？
Albert: Why do you use this app to call a taxi?

Mǎlìtǎ： Yīnwèi zhè gè app néng jiào wúrén jiàshǐ chūzūchē.
马丽塔： 因为 这个app 能 叫 无人 驾驶 出租车。
Marita: Because we can call a driverless taxi via this app.

Àibótè：Wúrén jiàshǐ de chūzūchē？ "Wúrén" de yìsi shì méiyǒu rén ma？
艾伯特：无人 驾驶的 出租车？ "无人"的意思是 没有 人 吗？
Albert: A driverless taxi? Does driverless mean without a driver?

Mǎlìtǎ：Wǒmen yǎnjiàn wéishí. Kàn， chē lái le.
马丽塔：我 们 眼见 为实。看， 车 来 了。
Marita: Let's check it out. Look, the taxi is coming.

Àibótè：Guǒrán méiyǒu rén. Zuò méiyǒu rén jiàshǐ de chē bú huì yǒu wēixiǎn ba？
艾伯特： 果然 没有 人。坐 没有 人 驾驶 的 车 不会 有 危险 吧？
Albert: There really is no driver. It's quite safe, right?

Mǎlìtǎ：Nǐ búyòng pà. Wúrén jiàshǐ jìshù yǐjīng hěn chéngshú le.
马丽塔：你 不用 怕。无人 驾驶技术 已经 很 成熟 了。
Marita: Don't worry. The unmanned driving technology is mature now.

（马丽塔和艾伯特上了无人驾驶出租车……）
(Marita and Albert get on the driverless taxi.)

Àibótè：Kàn， qiánmiàn yǒu yí gè lùkǒu.
艾伯特：看， 前面 有 一个 路口。
Albert: Look, there is an intersection ahead.

Mǎlìtǎ：Búyòng dānxīn. Nǐ kàn， zhè shì shíshí dǎoháng píngmù， gēnjù wǒmen de chūxíng lùxiàn， chē
马丽塔： 不用 担心。你看， 这是 实时 导航 屏幕， 根据 我们 的 出行 路线， 车
néng zìdòng zuǒzhuǎn， yòuzhuǎn， zhízǒu. Wúlùn yùdào shénme qíngkuàng， wǒmen de chē dōu
能 自动 左转 、 右转 、直走。无论 遇到 什么 情况 ， 我们 的 车 都
néng shíbié chǔlǐ， hái néng zìdòng lǐràng xíngrén， zìdòng kàobiān tíng chē.
能 识别 处理，还 能 自动 礼让 行人 、 自动 靠边 停车。
Marita: Don't worry. This is a live navigation screen, and the car can turn left, turn right, and drive straight according to our travel route automatically. No matter what happens, our car can recognize and handle it well, and it can also yield to pedestrians or pull over by itself.

（马丽塔和艾伯特坐着出租车到了地铁站，两人准备下车。）
(Marita and Albert have arrived at the metro station and they are about to get off the taxi.)

Mǎlìtǎ：Gǎnjué zěnmeyàng？
马丽塔：感觉 怎么样 ？
Marita: How do you feel?

Àibótè：Yǒu xīntiào de gǎnjué， yě shì nánwàng de tǐyàn.
艾伯特： 有 心跳 的 感觉，也 是 难忘 的 体验。
Albert: My heart beats a lot. I have to say, it's an unforgettable experience.

Mǎlìtǎ：Nà， wǒmen xiān chī xiǎolóngbāo， ránhòu qù pángbiān de Gǔyī Yuán wánr？
马丽塔：那，我们 先 吃 小笼包 ，然后 去 旁边 的古漪园 玩儿？
Marita: What about having steamed buns first, and then visiting the Guyi Garden nearby?

Àibótè：Wánměi！
艾伯特： 完美 ！
Albert: Sounds perfect!

注释 Notes

1 **"无人"的意思是没有人吗？**

"……的意思是……吗？"常用于向对方确认自己的想法是否正确。用在陈述句中时，表示解释。

[例如]：

——马克，周末我想去古漪园玩儿，你去不去？

——**你的意思是**明天就去古漪园吗？

——琳琳，"七上八下"是什么意思？

——我觉得**"七上八下"的意思是**心里不安、担心。

2 **坐没有人驾驶的车不会有危险吧？**

"……不会……吧？"是委婉地向对方表示自己的担心。

[例如]：

今天**不会**下雨**吧**？

咖啡馆**不会**关门**吧**？

3 **无论遇到什么情况，我们的车都能识别处理。**

我们的车能识别处理任何情况。

"无论……，都……"前一分句表示条件，后一分句表示结果，强调在任何条件下结果都一样。

[例如]：

公司太远，**无论**怎么去，回家**都**很累。

无论你去哪儿，我**都**跟你一起去。

你来说 Let's Talk

1 **根据对话内容，回答问题。**

Answer the following questions according to the dialogue.

1. 马丽塔是怎么叫车的？

2. 艾伯特是第一次坐无人驾驶出租车吗？

3. 马丽塔为什么觉得坐无人驾驶出租车不危险？

2 情景对话：马克向司机描述自己的位置。根据这个情景，和同学一起展开对话。

Pair work: Mark is describing his location to a taxi driver. Play roles in this situation and make a conversation with your classmate.

3 小组讨论：如果有机会，你愿不愿意乘坐无人驾驶出租车？说出原因。

Group work: Are you willing to take a driverless taxi if you have the chance? Why or why not?

例：

愿意： 我非常愿意坐无人驾驶出租车。一方面是因为我喜欢尝试新的东西。我相信未来无人驾驶出租车一定会越来越多，我提前习惯它，这让我感到自己正拥抱着未来，很酷。另一方面是因为我觉得现在无人驾驶技术已经很成熟了，不会有危险。

不愿意： 虽然现在无人驾驶出租车又安全又方便，可是我还是不太愿意坐。这主要是因为我很喜欢和出租车司机聊天，无人驾驶出租车没有交流的快乐，少了一些温暖。而多和人交流会让我更喜欢一个地方，并且我会有更多的机会了解当地的文化。

文化拓展
Cultural Notes

1 **看视频V3-4**（《海派百工》第一季第9集《南翔小笼馒头制作技艺》），回答下列问题。
Watch the video V3-4 and answer the following questions.

　　1. 小笼包有哪四个特点？
　　2. 小笼包的制作有哪些要求？

2 **阅读文章，与同学一起讨论，谈谈小笼包有什么特点，为什么南翔小笼包在上海最有名。**

　　　南翔小笼包又称南翔小笼馒头，出自上海市嘉定区南翔镇，是上海的传统小吃。它的特点是皮薄、肉嫩、汁多、味鲜、形美，最受欢迎的品种是鲜肉小笼包和蟹粉小笼包。人们常去南翔镇上的"江南名园"古漪园北门的上海古漪园餐厅和城隍庙九曲桥边的南翔馒头店品尝正宗的小笼包。2014年8月，南翔小笼制作技艺成功入选第四批国家级非物质文化遗产代表性项目名录。

学习档案
Learning Portfolios

根据下列场景分别写出3个有用的句子。
Write 3 useful sentences based on the following scenarios.

场景1：向同学询问去学校图书馆怎么走。
Scenario 1: Ask a classmate to show you the way to the school library.

_____

_____

_____

场景2：向同学推荐自己常去的餐厅（味道、价格、环境、招牌菜、体验）。
Scenario 2: Recommend a restaurant that you often visit to your classmates.

_____

_____

_____

场景3：在出租车上向司机提出自己的要求（如：希望司机靠边停车、开快一点、开空调等）。
Scenario 3: Make some requests to the driver in a taxi.

_____

_____

_____

城市小贴士
Overview of Shanghai

　　上海不仅是中国的经济中心，同时也是最重要的教育中心之一。各种类型、各种层次的学校及教育机构应有尽有。以2021年为例，全市共有普通高等学校64所，普通中等学校867所，普通小学680所，特殊教育学校31所；有49家机构可以培养研究生。在综合性大学中，上海交通大学、复旦大学、华东师范大学和同济大学有"上海四大名校"之美誉，而语言类大学则以上海外国语大学最为著名。

　　为了满足市民自我提高、老有所学、终身学习的需要，全市还设有成人中高等学历教育学校21所、成人职业技术培训机构548所、老年教育机构289所。

　　常言道，"活到老，学到老。"在上海，只要有学习的愿望，就能找到最理想的、最适合自己的学校和学习方式。

Unit 4

Dining out

学习目标
Learning Objectives

第四单元
饮食

➤ 学会表达自己想吃什么并询问对方的意见。
Learn to express what you want to eat and ask for other people's opinions.

➤ 学会在app上选择食物并下单。
Learn to select and order food via apps.

➤ 学会在餐厅点餐。
Learn to order food in a restaurant.

TEXT 1

我很饿！
I'm hungry!

热身 Warming-up

看视频 **V4-1**，回答下列问题。

Watch the video V4-1 and answer the following questions.

1. 马克和阿力谁提出想吃小笼包?
2. 他们俩谁喝的果汁?
3. 他们俩谁喝的可乐?

生词与短语 Words and Expressions

1	城隍庙	Chénghuángmiào		City God Temple	
2	饿	è	adj./v.	(be) hungry	有点儿饿
3	快	kuài	adv.	soon; be about to	快迟到了；快上课了；快一年了
4	小吃	xiǎochī	n.	snack; small and cheap dishes	小吃店；特色小吃
5	想	xiǎng	v.	want; would like to	很想；不太想
6	请坐	qǐng zuò		Please take a seat.	
7	菜单	càidān	n.	menu	英文菜单；纸质菜单
8	要	yào	v.	want; need	要这个；要不辣的
9	可乐	kělè	n.	coke	一听可乐；一瓶可乐
10	橙汁	chéngzhī	n.	orange juice	一杯橙汁；一扎橙汁
11	点单	diǎn dān	v.	order	扫码点单；微信点单
12	网络	wǎngluò	n.	network	无线网络

对话 Dialogue

（马克和阿力游览完城隍庙，都觉得有点饿了……）

(After visiting the City God Temple, Mark and Ali feel a little hungry...)

Mǎkè：Ālì, wǒ hěn è, nǐ è bu è?
马克： 阿力，我 很 饿，你 饿 不 饿？

Mark: Ali, I'm hungry. How about you?

Ālì：Wǒ kuài è sǐ le!
阿力： 我 快 饿 死 了！

Ali: I'm starving!

Mǎkè：Nàbiān yǒu yì jiā xiǎochī diàn, wǒmen qù chī wǔfàn ba.
马克： 那边 有 一家 小吃 店，我们 去 吃 午饭 吧。

Mark: There is a snack bar over there. Let's have something for lunch.

Ālì：Hǎo de.
阿力： 好 的。

Ali: OK.

Mǎkè: Nǐ xiǎng chī shénme?
马克: 你 想 吃 什么？

Mark: What would you like to eat?

Ālì: Wǒ xiǎng chī xiǎolóngbāo, nǐne?
阿力: 我 想 吃 小笼包 ，你呢?

Ali: I would like to have some steamed buns. What about you?

Mǎkè: Wǒ yě xiǎng chī xiǎolóngbāo.
马克: 我 也 想 吃 小笼包 。

Mark: Same here.

Ālì: Tài hǎo le! Wǒmen kuài dào le.
阿力: 太 好 了! 我们 快 到 了。

Ali: Great. We're almost there.

(马克和阿力在小吃店里点菜。)

(Mark and Ali are ordering food in the snack bar.)

Fúwùyuán: Nínhǎo, qǐng zuò!
服务员: 您好 ， 请 坐!

Waiter: Hello! Please take a seat.

Mǎkè: Fúwùyuán, càidān.
马克: 服务员 ， 菜单 。

Mark: Excuse me, menu please.

(服务员把菜单给他俩。)

(The waiter gives them the menu.)

Mǎkè: Wǒ yào yí fèn xiǎolóngbāo hé yì píng kělè. Nǐ yào shénme?
马克: 我 要 一 份 小笼包 和 一 瓶 可乐。你 要 什么？

Mark: I want a drawer of steamed buns and a bottle of coke. How about you?

Ālì: Wǒ yào liǎng fèn xiǎolóngbāo, hái yào yì bēi chéngzhī.
阿力: 我 要 两 份 小笼包 ，还 要 一 杯 橙汁 。

Ali: I want two drawers, and a cup of orange juice.

Mǎkè: Hǎo de. Fúwùyuán, diǎn dān.
马克: 好 的。 服务员 ， 点 单 。

Mark: OK. Excuse me, order please!

Fúwùyuán: Zhuōzi shang yǒu èrwéimǎ, kěyǐ sǎo mǎ diǎn dān.
服务员: 桌子 上 有 二维码，可以 扫 码 点 单 。

Waiter: There is a QR code on the table. You can scan the code to order.

Mǎkè: Diǎn dān yě kěyǐ sǎo mǎ a? Kěshì wǒ de shǒujī méiyǒu wǎngluò.
马克: 点 单 也 可以 扫码 啊? 可是 我 的 手机 没有 网络 。

Mark: Scan to order? Cool! But my phone is not connected.

Ālì： Wǒ lái sǎo mǎ diǎn dān ba. Hǎo le.
阿力： 我 来 扫 码 点 单 吧。 好 了。

Ali: Let me have a try. Done!

Fúwùyuán： Hǎode, mǎshàng lái.
服务员： 好的, 马上 来。

Waiter: OK, the dishes will be served right away.

注释 Notes

1 **我快饿死了！**

"adj.+死" 表示程度很高。

[例如]：

今天爬山的时候，我快**累死**了。

我已经**撑死**了，什么也不想吃了。

2 **你呢?**

"……呢？" 表示疑问，省略了前面提到的相同内容。

[例如]：

小王明天去打羽毛球，**小李呢**?

——爸爸去哪儿了？ ——爸爸上班去了。

——**妈妈呢**? ——妈妈也上班去了。

3 **我们快到了。**

"快……了" 表示事情马上就会发生。

[例如]：

我学习汉语**快**两年**了**。

我**快**回国**了**，想买一些上海特产，你有推荐的吗？

4 **可是我的手机没有网络。**

"可是……" 表示转折，也可以说"但是"，前半句可以加"虽然"。

[例如]：

大家虽然有点累了，**可是**都很开心。

今天虽然有点冷，**可是**我们还是去了海边。

你来说 Let's Talk

1 **根据对话内容，回答问题。**

Answer the following questions according to the dialogue.

1.马克和阿力为什么去小吃店？

2.服务员让他俩怎么点单？

3.马克的手机怎么了？

2 **情景对话：马克邀请语伴王乐一起吃晚饭。根据这个情景，分别选择不同的角色，展开对话。**

Pair work: Mark invites his partner Wang Le to dinner. Play roles in this situation and make a conversation with your partner.

3 **小组讨论：说说你们国家最受欢迎的小吃。**

Group work: Tell us about the most popular snacks in your country. Show pictures if you can.

例：我们国家最受欢迎的小吃是西班牙油条(churros)，配上巧克力酱，味道好极了！大人小孩都喜欢。

TEXT 2

你要几分糖？

How much sugar would you like in your tea?

热身 **Warming-up**

看视频**V4-2**，回答下列问题。

Watch the video V4-2 and answer the following questions.

1. 马克想喝什么？
2. 他们怎么买奶茶？
3. 马克为什么说不用出门也可以买奶茶？

生词与短语 Words and Expressions

1	奶茶	nǎichá	n.	milk tea	喝奶茶；一杯奶茶
2	但是	dànshì	conj.	but	
3	热	rè	adj.	hot	热茶；热菜
4	出去	chūqù	v.	go out	出去吃饭；出不去
5	可以	kěyǐ	v.	can	可以看见东方明珠
6	点	diǎn	v.	order	点咖啡；点奶茶
7	外卖	wàimài	n.	takeaway (food)	外卖app
8	对	duì	adj.	right; correct	你说得对
9	支付	zhīfù	v.	pay	扫码支付
10	小哥	xiǎogē	n.	guy	外卖小哥；快递小哥
11	送	sòng	v.	carry; deliver	送快递；送文件
12	不但……而且……	búdàn……érqiě……		not only ... but also ...	
13	厉害	lìhai	adj.	brilliant; awesome	她真厉害
14	选	xuǎn	v.	choose	选好了
15	冷	lěng	adj.	cold	冷水；冷菜
16	加	jiā	v.	add	加牛奶；加水
17	冰	bīng	n.	ice	少冰；加冰
18	分	fēn	measure word	level; degree	牛排三分熟；奶茶七分糖
19	糖	táng	n.	sugar	白糖；糖分
20	喜欢	xǐhuan	v.	like	喜欢学汉语；喜欢外滩
21	甜	tián	adj.	sweet	甜点；甜味
22	别	bié	adv.	don't	别说了；别怕
23	吸管	xīguǎn	n.	straw	塑料吸管

对话 Dialogue

（琳琳和马克想要喝奶茶，但是天气太热了，他们不想出去，他们想用手机来点外卖……）

(Linlin and Mark want to have milk tea, but it is too hot and they don't want to go out. So they want to order takeaway food by phone ...)

Línlin： Mǎkè, nǐ xiǎng hē nǎichá ma?
琳琳： 马克，你 想 喝 奶茶 吗？

Linlin: Mark, would you like a cup of milk tea?

Mǎkè： Xiǎng hē, dànshì jīntiān tài rè le, wǒ bù xiǎng chūqu.
马克： 想 喝，但是 今天 太 热 了，我 不 想 出去。

Mark: Yes, but it's too hot outside. I don't want to go out.

Línlin： Wǒmen kěyǐ diǎn wàimài.
琳琳： 我 们 可以 点 外卖 。

Linlin: Well, we can order takeaway food.

Mǎkè： Diǎn wàimài?
马克： 点 外卖？

Mark: Order takeaway food?

Línlin： Duì, kěyǐ yòng shǒujī diǎn dān, zhīfù, ránhòu wàimài xiǎogē huì sòng dào wǒmen zhèr.
琳琳： 对，可以 用 手机 点 单、支付，然后 外卖 小哥 会 送 到 我们 这儿。

Linlin: Yes, we can order and pay on phone. Then the food will be delivered by a delivery guy.

Mǎkè： Zhēnde ma? Zhème fāngbiàn!
马克： 真的 吗？ 这么 方便 ！

Mark: Really? It's so convenient!

Línlin： Duì, búdàn fāngbiàn, érqiě kuàisù. Nǐ kàn……
琳琳： 对，不但 方便 ，而且 快速。你 看……

Linlin: Of couse. Not only convenient, but also fast. Look...

Mǎkè： Tài lìhai le!
马克： 太 厉害 了！

Mark: Amazing!

（琳琳教马克怎么在手机上点外卖。）

(Linlin is teaching Mark how to order takeaway food on phone.)

Línlin： Mǎkè, nǐ kàn, zhèxiē dōu kěyǐ xuǎn. Nǐ xiǎng hē shénme?
琳琳： 马克，你 看，这些 都 可以 选 。你 想 喝 什么 ？

Linlin: Mark, see, these are the choices. What would you like?

Mǎkè： Wǒ xiǎng hē zhēnzhū nǎichá.
马克： 我 想 喝 珍珠 奶茶 。

Mark: I'd like to have a cup of bubble tea.

Línlin： Hǎo de, dà bēi háishì zhōng bēi?
琳琳： 好 的，大杯 还是 中 杯？

Linlin: OK. Large or regular?

Mǎkè: Dà bēi.
马克： 大杯。
Mark: Large, please.

Línlin: Nǐ yào rède háishi lěngde?
琳琳： 你 要 热的 还是 冷的？
Linlin: Hot or cold?

Mǎkè: Lěngde.
马克： 冷的 。
Mark: I prefer the cold one.

Línlin: Yào jiā bīng ma?
琳琳： 要 加 冰 吗？
Linlin: Iced or not?

Mǎkè: Yào jiā bīng.
马克： 要 加 冰 。
Mark: With ice.

Línlin: Nǐ yào jǐ fēn táng?
琳琳： 你 要 几 分 糖？
Linlin: How much sugar would you like in your tea?

Mǎkè: Wǒ xǐhuan tiánde.
马克： 我 喜欢 甜的 。
Mark: I have a sweet tooth.

Línlin: Yào qīfēn táng ba.
琳琳： 要 七分 糖 吧。
Linlin: Less sugar then.

Mǎkè: Bié wàngle yào xīguǎn.
马克： 别 忘了 要 吸管 。
Mark: Don't forget to ask for straws!

注释 Notes

1 **我们可以点外卖。**

　　"外卖"原来是饭店的外送服务，随着"即需要、即外卖、即使用"的"外卖生活方式"的形成和普及，如今，许多卖家提供了方便快捷的外卖服务。除了食物以外，鲜花、手机、化妆品、宠物粮和玩具都可以通过外卖买到，可以说"万物皆可外卖"。

[例如]：

今天不想做饭了，我们点**外卖**吧。

下这么大的雨，外面还有送**外卖**的小哥。

2 **不但方便，而且快速。**

"不但……，而且……"表示递进。

[例如]：

父母**不但**应该成为孩子的师长，**而且**应该成为孩子的朋友。

班长**不但**认真听取了大家的意见，**而且**还一一写下来。

3 **好的，大杯还是中杯？**

"……还是……"表示选择疑问句。

[例如]：

你喜欢喝茶**还是**咖啡？

你要热的**还是**冷的？

4 **你要几分糖？**

奶茶的甜度可以自己选择。分别有无糖(sugar-free)、三分糖(light sugar)、半糖(half sugar)、七分糖(less sugar)、全糖(regular sugar)。喜欢甜的可以点七分糖或者全糖。

[例如]：

奶茶我要**三分**糖。

5 **别忘了要吸管。**

"别忘了……"提醒别人不要忘记做某件事。

[例如]：

别忘了喝水。

别忘了写作业。

你来说 Let's Talk

1 **根据对话内容，回答问题。**
Answer the following questions according to the dialogue.

　1.马克选了什么奶茶？

　2.马克喝热的还是冷的奶茶？

　3.马克的奶茶要不要加冰？

2 **情景对话：琳琳在咖啡馆点咖啡。根据这个情景，分别选择不同的角色，展开对话。**
Pair work: Linlin wants to order a cup of coffee in a café. Play roles in this situation and make a conversation with your partner.

3 **小组讨论：你喜不喜欢喝奶茶？喜欢喝热的还是冷的、加不加冰？喜欢几分糖？**
Group work: Do you like milk tea? Which do you prefer, the hot one or the cold one with/without ice? How much sugar would you like in your tea?
例：我想喝一杯热的珍珠奶茶，三分糖。

奶茶种类	大杯 / 中杯 / 小杯	热的 / 冷的	加冰 / 去冰	几分糖
珍珠奶茶	大杯	热的	去冰	三分糖
hóngdòu 红 豆 (red bean) 奶茶				
bùdīng 布丁 (pudding) 奶茶				

TEXT 3

菜上齐了，请慢用！

All the dishes are served. Enjoy!

热身 Warming-up

看视频**V4-3**，回答下列问题。

Watch the video V4-3 and answer the following questions.

1. 今天是什么日子？
2. 谁点菜？
3. 这家饭店怎么样？

生词与短语 Words and Expressions

1	特色	tèsè	n.	characteristic; special	特色菜；特色小吃
2	日子	rìzi	n.	day; time	好日子
3	庆祝	qìngzhù	v.	celebrate	庆祝国庆；庆祝生日
4	既然	jìrán	conj.	since; as	
5	有荤有素	yǒu hūn yǒu sù		(the dishes contain) both meat and vegetables	
6	诗情画意	shīqíng-huàyì		poetic	
7	忌口	jìkǒu	v.	abstain from certain food	你有忌口吗？
8	上菜	shàng cài		serve dishes	
9	习惯	xíguàn	v.	be accustomed to; get used to	习惯先洗手
10	齐	qí	a.	all ready; all present	菜上齐了；人到齐了
11	请慢用	qǐng màn yòng		Please enjoy your meal.	

对话 Dialogue

（今天是艾伯特的生日，他邀请朋友们一起去餐厅吃饭庆祝。）
(It is Albert's birthday today. He invites his friends out to dinner to celebrate.)

Àibótè : Zhè jiā fàndiàn hěn yǒu tèsè .
艾伯特： 这 家 饭店 很 有 特色。
Albert: This restaurant is quite distinctive.

Mǎlìtǎ : Jīntiān shì nǐ de hǎo rìzi , dāngrán yào zhǎo gè hǎo dìfang lái qìngzhù la .
马丽塔： 今天 是 你 的 好 日子， 当然 要 找 个 好 地方 来 庆祝 啦。
Marita: It's your birthday today, and we certainly need a good place to celebrate.

Kǎmǐlā : Àibótè , nǐ diǎncài ba . Nǐ diǎn shénme, wǒmen chī shénme.
卡米拉： 艾伯特，你 点菜 吧。你 点 什么， 我们 吃 什么 。
Camilla: Albert, please order now. Everything you order is OK with us.

Àibótè : Nà wǒ jiù búkèqì le . Wǒ zuì ài chī de shì dàbàncài, xūnyú, tángcùpáigǔ, bābǎolàjiàng,
艾伯特： 那 我 就 不客气 了。我 最 爱 吃 的 是 大拌菜、 熏鱼、 糖醋排骨 、 八宝辣酱 、
xiǎolóngxiā, hétángyuèsè hé jiǔniàngxiǎoyuánzi.
小龙虾 、 荷塘月色 和 酒酿小圆子 。
Albert: Then I'll indulge myself by ordering some of my favorite dishes: vegetable salad, smoked fish, sweet and sour pork ribs, mixed chili sauce, crawfish, Lotus Pond Moonlight, and glutinous rice balls in fermented rice.

Mǎlìtǎ: Hěn huì diǎn a. Diǎnle bùshǎo Shànghǎi tèsè cài ne. Jìrán jīntiān shì nǐ shēngrì, wǒmen jiù
马丽塔：很 会 点 啊。点了 不少 上海 特色 菜 呢。既然 今天 是 你 生日，我们 就
yìrén zài jiā yì xiǎo wǎn yángchūnmiàn, hǎo bu hǎo?
一人 再 加 一 小 碗 阳春面 ，好 不 好？

Marita: Good for you. Many of them are Shanghai specialties. What about a bowl of plain noodles for everyone to celebrate your birthday?

Lǐ Hàoruì: Hǎo a. Kànlái Àibótè hěn huì diǎn cài a. Yǒu hūn yǒu sù, yǒu shuǐlǐ yóu de, yě yǒu dìshang
李 昊瑞：好 啊。看来 艾伯特 很 会 点 菜 啊。有 荤 有 素，有 水里 游 的，也 有 地上
pǎo de.
跑 的。

Li Haorui: Great. Albert is really good at ordering food. We have meat and vegetables, fish and pork.

Kǎmǐlā: Kǒuwèi yě hěn fēngfù, yǒu tián yǒu xián, yǒu suān yǒu là. Duì le, hétángyuèsè shì shénme cài
卡米拉：口味 也 很 丰富，有 甜 有 咸，有 酸 有 辣。对了，荷塘月色 是 什么 菜
a? Míngzi zhème shīqíng-huàyì.
啊？名字 这么 诗情画意 。

Camilla: And the flavors are rich: sweet and salty, sour and spicy. By the way, the name "Lotus Pond Moonlight" is so poetic. What is this dish?

Àibótè: Shàngle nǐ jiù zhīdào le. Bāo nǐ mǎnyì. Nǐmen yǒu shénme jìkǒu huòzhě chī shénme guòmǐn ma?
艾伯特：上了 你 就 知道 了。包 你 满意。你们 有 什么 忌口 或者 吃 什么 过敏 吗？
Albert: Let's wait and see. Do you have any dietary restraints or allergies?

Kǎmǐlā: Xiǎolóngxiā kěyǐ diǎn wēi là de ma?
卡米拉：小龙虾 可以 点 微 辣 的 吗？
Camilla: Less spicy for crawfish?

Àibótè: Kěyǐ a, fúwùyuán, wǒmen diǎn dān.
艾伯特：可以 啊，服务员，我们 点 单。
Albert: Sure. Excuse me, we are ready to order.

（开始上菜了，服务员上了大拌菜、熏鱼和糖醋排骨。）
(The waiter is serving the dishes: vegetable salad, smoked fish, and sweet and sour pork ribs.)

Kǎmǐlā: Fúwùyuán, jiǔniàngxiǎoyuánzi kěyǐ xiān shàng ma? Wǒ xíguàn xiān hē diǎn rè de.
卡米拉：服务员，酒酿小圆子 可以 先 上 吗？我 习惯 先 喝 点 热 的。
Camilla: Excuse me, can you serve the glutinous rice balls first? I'm used to having something hot first.

Lǐ Hàoruì: Yìbān wǒmen dōu shì xiān shàng lěngcài, zài shàng rècài, tāng hé diǎnxin shì zuìhòu shàng de.
李 昊瑞：一般 我们 都 是 先 上 冷菜，再 上 热菜，汤 和 点心 是 最后 上 的。
Rúguǒ yào xiān shàng diǎnxin nà yě kěyǐ.
如果 要 先 上 点心 ，那 也 可以。

Li Haorui: Usually we serve cold dishes first, then hot dishes, while soup and snacks come next. If you'd like the snacks first, it's OK.

（服务员又先后上了酒酿小圆子、小龙虾和荷塘月色。）
(The waiter then serves the glutinous rice balls, crawfish and "Lotus Pond Moonlight".)

Fúwùyuán: Cài shàngqí le, qǐng màn yòng.
服务员： 菜 上齐 了， 请 慢 用 。
Waiter: All the dishes are served. Enjoy!

Suǒyǒu rén: Xièxie!
所有 人： 谢谢！
All: Thank you.

注释 Notes

1 **你点什么，我们吃什么。**

"……V1 什么，……V2 什么"，这里的"什么"指代同种事物。

[例如]：

给妈妈的礼物，我已经想好了。她**喜欢什么**，我给她**买什么**。

你要有自己的想法，不能别人**说什么**，你**说什么**。

2 **既然今天是你生日，我们就一人再加一小碗阳春面，好不好？**

"既然……就……"表示因果关系，"既然"用在前一句，提出已经发生的事实。

[例如]：

既然你已经知道了，我**就**不用再说了。

既然大家都到了，我们**就**出发吧。

3 **看来艾伯特很会点菜啊。**

"看来"在口语中表示观察以后做出的判断。

[例如]：

他现在还没来，**看来**今天他不回来了。

你的房间总是干干净净的，**看来**你是个爱干净的人。

4 **包你满意。**

"包"在口语中表示保证、担保。

[例如]：

请放心，这件事**包**在我身上。

这个西瓜**包**甜，不甜不要钱。

你来说 **Let's Talk**

1 根据对话内容，回答问题。

Answer the following questions according to the dialogue.

1. 卡米拉为什么说今天是艾伯特的好日子？

2. 大家为什么对艾伯特点的菜很满意？你同意大家的看法吗？

3. 卡米拉喜欢哪一道菜的名字呢？你知道这是什么菜吗？

2 情景对话：李昊瑞想和朋友一起在美食网站上写用餐评价。根据这个情景，分别选择不同角色，进行对话。

Pair work: Li Haorui and his friends want to write some comments on a food website. Play roles in this situation and make a conversation with your partner.

3 小组讨论：说说有没有哪一道中国菜给你留下了非常深刻的印象。你喜欢这道菜吗？为什么喜欢它呢？

Group work: Is there any Chinese dish that has left a deep impression on you? Do you like this dish? Why?

例：我叫爱丽，我喜欢的中国菜是西红柿炒鸡蛋，我觉得它酸酸甜甜的，很好吃。

我叫马克，我喜欢的中国菜是麻辣烫，因为选择很多。

学生姓名	喜欢的中国菜	喜欢的原因
爱丽	西红柿炒鸡蛋	酸酸甜甜，很好吃
马克	麻辣烫	选择很多

文化拓展
Cultural Notes

1 看视频**V4-4**（《海派百工》第一季第1集《凯司令蛋糕制作技艺》），回答下列问题。
Watch the video V4-4 and answer the following questions.

1. 上海老字号凯司令是什么时候创办的？
2. 凯司令的特色蛋糕是什么？
3. 为什么说凯司令蛋糕是海派文化的一部分？

2 阅读文章，与同学一起讨论，谈谈海派文化有什么特点，凯司令栗子蛋糕的诞生与海派文化有什么样的关系，栗子蛋糕的吃法又有什么讲究。

　　上海哪家西点店历史长、名气大呢？当然是凯司令。去那儿吃什么呢？当然是栗子蛋糕。有意思的是，这家最早以德式蛋糕出名的西点店，其"招牌"栗子蛋糕却并不是德式蛋糕，而是中西结合的产物。

　　20世纪50年代中国缺面粉，可没有面粉怎么做蛋糕呢？这难不倒凯司令。聪明的西点师发现上海人特别喜欢吃栗子，热爱那一口粉粉的清甜，于是灵机一动，尝试用人见人爱的栗子来代替面粉做出中西结合的栗子蛋糕，结果一经问世就广受欢迎，大获成功。值得一提的是，栗子蛋糕吃的时候也有讲究，要把奶油和栗子泥拌着吃，这样才能获得完美的口感和味道。有人说栗子蛋糕的发明是海纳百川的上海城市精神的体现，你怎么看呢？

学习档案
Learning Portfolios

根据下列场景分别写出3个有用的句子。
Write 3 useful sentences based on the following scenarios.

场景1：提醒同事该吃饭了。
Scenario 1: Remind your colleagues that it's time to eat.

_____

_____

_____

场景2: 告诉朋友在餐厅如何点单（中餐厅、西餐厅、日本餐厅……）。
Scenario 2: Tell your friend how to order in a restaurant.

_____

_____

_____

场景3：公司下午茶，你请客。你在手机上点外卖，问同事想喝什么奶茶。
Scenario 3: It's time for afternoon tea and you are ordering milk tea on phone for your colleagues. Ask them what they would like to drink.

_____

_____

_____

城市小贴士
Overview of Shanghai

　　上海本帮菜是中国知名的地方风味菜之一。本帮菜在烹调方法上善于用糖，别具江南风味。

　　如果您想尝尝正宗的本帮菜，推荐您去老城隍庙附近的上海老饭店。这家饭店是"中国老字号"，1875年就开业了，招牌菜是八宝鸭、松鼠鳜鱼、特色熏鱼、八宝辣酱、清炒水晶虾仁等。

　　如果您想尝尝正宗的本帮点心，也可以在附近找到南翔小笼、三丝眉毛酥、桂花拉糕、鸽蛋圆子、八宝饭等著名的小吃，一定会让您大饱口福。

Unit 5

Going out together

学习目标
Learning Objectives

第五单元
集体
出行

➢ 学会询问集合的时间地点。
  Learn to ask when and where to meet.

➢ 学会打电话进行询问。
  Learn to make inquiries by phone.

➢ 学会表达歉意。
  Learn to express one's apologies when necessary.

TEXT 1

该**集合**了！
It's time to gather!

 热身 Warming-up

看视频**V5-1**，回答下列问题。

Watch the video V5-1 and answer the following questions.

1. 他们几点集合？
2. 他们约好在哪里集合？
3. 自由活动是什么意思？

生词与短语 Words and Expressions

1	准备	zhǔnbèi	v.	intend; plan; prepare	准备去朱家角；准备上车
2	出发	chūfā	v.	set out; depart	出发时间
3	集合	jíhé	v.	gather	集合时间；集合地点
4	停车场	tíngchēchǎng	n.	parking lot	
5	到达	dàodá	v.	arrive	准时到达；顺利到达
6	朱家角	Zhūjiājiǎo		Zhujiajiao	
7	之前	zhīqián	prep.	before	吃饭之前
8	导游	dǎoyóu	n.	tour guide	
9	古镇	gǔzhèn	n.	ancient town	
10	自由	zìyóu	adj. adv.	free; freely	自由讨论
11	活动	huódòng	n.	activity	自由活动
12	小时	xiǎoshí	n.	hour	一个小时
13	记住	jìzhù	v.	remember	记住集合地点
14	车牌号	chēpáihào	n.	car number	
15	自己	zìjǐ	pron.	self	我自己；他们自己
16	得	de	aux.	(used after a verb to indicate a result or a degree)	到得早；吃得好

对话 Dialogue

（早上，马克和阿力两人在宾馆相见，准备出发。）

(Mark meets Ali at the hotel in the morning, and they get ready to go out.)

Mǎkè: Xiànzài jǐ diǎn?
马克： 现在 几点？
Mark: What time is it now?

Ālì : Jiǔ diǎn, gāi jíhé le.
阿力： 九点，该集合了。
Ali: 9 o'clock. It's time to gather.

Mǎkè: Zài nǎr jíhé? Tíngchēchǎng ma?
马克： 在哪儿集合？ 停车场 吗？
Mark: Where are we supposed to gather? The parking lot?

Ālì : Duì.
阿力： 对。
Ali: Yes.

Mǎkè: Wǒmen zǒu ba, kuài chídào le.
马克: 我们、走吧，快 迟到 了。
Mark: Let's go. We are almost late.

Ālì: Hǎo de.
阿力: 好 的。
Ali: OK.

（车子到达朱家角，学生下车之前，导游在车上提醒。）
(Students arrive at an ancient town called Zhujiajiao. Before getting off the bus, the tour guide wants to give students some suggestions.)

Dǎoyóu: Zhūjiājiǎo gǔzhèn dào le.
导游: 朱家角 古镇 到 了。
Guide: This is Zhujiajiao, an ancient town.

Mǎkè: Qǐng wèn néng zìyóu huódòng ma?
马克: 请 问 能 自由 活动 吗?
Mark: Can we move around freely?

Dǎoyóu: Zìyóu huódòng yì xiǎoshí.
导游: 自由 活动 一 小时。
Guide: Yes. You have one hour free.

Mǎkè: Yì xiǎoshí hòu zài nǎr jíhé ne?
马克: 一 小时 后 在 哪儿 集合 呢?
Mark: Where shall we meet after one hour?

Dǎoyóu: Zài xiàchē de dìfang jíhé.
导游: 在 下车 的 地方 集合。
Guide: Just where you get off.

Ālì: Shíyī diǎn bàn zài xiàchē de dìfang jíhé, duì ma?
阿力: 十一 点 半 在 下车 的 地方 集合，对 吗?
Ali: We're going to meet again at the drop-off point at 11:30, right?

Dǎoyóu: Duì, qǐng jìzhù chēpáihào, Hù A 1 2 3 4 5 6. Qǐng náhǎo zìjǐ de dōngxi. Wǒ zài chóngfù
导游: 对，请 记住 车牌号，沪A123456。请 拿好 自己 的 东西。我 再 重复
yíbiàn, chēpáihào Hù A 1 2 3 4 5 6, qǐng dàjiā yì xiǎoshí hòu, zài zhèr shàngchē. Zhù dàjiā
一遍，车牌号 沪A123456，请 大家 一 小时 后，在 这儿 上车。祝 大家
wánr de kāixīn. Xièxie!
玩儿 得 开心。谢谢!
Guide: That's right. Please remember our coach's number Hu A123456 and take care of your belongings. Let me say it again, Hu A123456. Please get back to our bus an hour later. I hope you all have a great time. Thank you!

Mǎkè: Wǒ lái pāi ge zhào, zhèyàng jiù jìzhù le.
马克: 我 来 拍 个 照，这样 就 记住 了。
Mark: Let me take a photo and it may be helpful.

Ālì: Hǎode, xièxiè!
阿力: 好的，谢谢!
Ali: OK. Thank you!

注释 Notes

1 现在几点？

"几点"用于询问具体的时间点。

[例如]：

我们上午**几点**上课？

你**几点**去图书馆？

2 该集合了。

"该……了"

"该+v.+了"表示到了做某事的时间了。

[例如]：

你**该上班去了**。

再不走，**该迟到了**。

"该+n./pron.+了"表示按顺序，到……了。

[例如]：

该你了。

他们都回答了问题，下一个**该小明了**。

3 记住车牌号，拿好自己的东西。

"v.+住""v.+好"是结果补语，表示做某事的结果。

[例如]：

我们要牢牢**记住**教师的话。

把这些东西都**放好**。

4 ——**车牌号是多少**？
——**沪A123456**。

车牌号是对车辆的编号。一个车牌号由三部分组成：省级行政区的汉字代码、地级行政区的英文字母代码、五位由数字和/或英文字母组合排列的号码。

[例如]：

苏州车牌上的汉字是江苏省的简称"苏"。

上海车牌上的汉字是上海市的简称"沪"。

你来说 Let's Talk

1 **根据对话内容，回答问题。**

Answer the following questions according to the dialogue.

1. 出发时马克有没有迟到？

2. 今天他们去哪儿集体活动？

3. 自由活动结束后在哪儿集合？

2 **情景对话：今天下午学校有集体活动，要去上海博物馆参观，马克问阿力出发时间和集合时间。请根据这个情景，分别选择不同的角色，展开对话。**

Pair work: The school is going to have a trip to the Shanghai Museum this afternoon. Now Mark is asking Ali for the time arragement (e.g., "time to leave" and "time to meet"). Play roles in this situation and make a conversation with your partner.

3 **小组讨论：谈谈车牌上的汉字表示什么意思。你们国家的车牌上有哪些信息？**

Group work: Do you know what the Chinese character on a license plate means? Talk about the information on the license plates in your country.

TEXT 2

你到得真早！
You arrived so early!

热身 Warming-up

看视频**V5-2**，回答下列问题。

Watch the video V5-2 and answer the following questions.

1. 谁最早到？
2. 朱家角怎么样？
3. 导游为什么让马克先上车？

生词与短语 Words and Expressions

1	觉得	juéde	v.	feel; think	觉得热；觉得难
2	怎么样	zěnmeyàng	pron.	how	事情怎么样？
3	风景	fēngjǐng	n.	scenery; landscape	看风景；风景美
4	美	měi	adj.	beautiful	美景；美女
5	各种各样	gèzhǒng-gèyàng	adj.		各种各样的人
6	桥	qiáo	n.	bridge	一座桥；大桥
7	深刻	shēnkè	adj.	deep	印象深刻
8	印象	yìnxiàng	n.	impression	好印象；我对这事有印象
9	凉快	liángkuai	adj.	cool	里面凉快
10	打电话	dǎ diànhuà		make a phone call	给妈妈打电话
11	麻烦	máfan	v.	trouble; bother	麻烦你了
12	喂	wèi	int.	Hello!	
13	马上	mǎshàng	adv.	immediately	马上到；马上好
14	注意	zhùyì	v.	pay attention	注意听讲
15	安全	ānquán	n.	safety	注意安全

对话 Dialogue

Dǎoyóu：Mǎkè, nǐ dào de zhēn zǎo.
导游：马克，你 到 得 真 早。
Guide: Mark, you arrived so early!

Mǎkè：Wǒ pà chídào.
马克：我 怕 迟到。
Mark: I'm afraid to be late.

Dǎoyóu：Nǐ juéde Zhūjiājiǎo zěnmeyàng?
导游：你 觉得 朱家角 怎么样 ？
Guide: How do you like Zhujiajiao?

Mǎkè：Wǒ juéde Zhūjiājiǎo de fēngjǐng hěn měi, wǒmen zuòle chuán, chīle ròuzòngzi. Zhūjiājiǎo gèzhǒng-
马克：我 觉得 朱家角 的 风景 很 美，我们 坐了 船，吃了 肉粽子。朱家角 各种
gèyàng de qiáo gěi wǒ liúxiàle shēnkè de yìnxiàng.
各样 的 桥 给 我 留下了 深刻 的 印象 。
Mark: Well, I think Zhujiajiao is beautiful. We took a boat and ate meat dumplings as well. The various kinds of bridges impressed me a lot.

Dǎoyóu：Xiān shàngchē ba, chēshang liángkuai.
导游：先 上车 吧，车上 凉快 。
Guide: Let's get on the coach. It's cool inside.

(11:25了, 由美还没到, 马克对导游说……)

(It's 11:25 now, and Yumi is still not here. Mark is talking to the guide...)

Mǎkè: Yóuměi hái méi dào, wǒ gěi tā dǎ gè diànhuà ba.
马克: 由美 还 没 到, 我 给 她 打 个 电话 吧。
Mark: Yumi is still not here, and I will make a phone call to her.

Dǎoyóu: Hǎo de, máfan nǐ le.
导游: 好 的, 麻烦 你 了。
Guide: Sounds good, thank you.

(马克给由美打电话。)

(Mark is making a phone call now.)

Yóuměi: Wèi?
由美: 喂?
Yumi: Hello?

Mǎkè: Wèi, wǒ shì Mǎkè. Yóuměi, nǐ zài nǎr ne?
马克: 喂, 我 是 马克。 由美, 你 在 哪儿 呢?
Mark: Hello, this is Mark. Yumi, where are you now?

Yóuměi: Wǒ gāngcái zài shūdiàn kàn mò, wàngle shíjiān! Bùhǎoyìsi. Wǒ yǐjīng chūlái le, mǎshàng jiù
由美: 我 刚才 在 书店 看 墨, 忘了 时间! 不好意思。我 已经 出来 了, 马上 就
dào, qǐng děng wǒ yí xià.
到, 请 等 我 一下。
Yumi: Oh, sorry. I forgot the time because I was attracted by the ink sticks displayed at a bookstore. I'm coming. Just a minute!

Mǎkè: Hǎo de, zhùyì ānquán.
马克: 好 的, 注意 安全。
Mark: OK. Take care!

Yóuměi: Hǎo de.
由美: 好 的。
Yumi: Thank you.

注释 Notes

1 **朱家角**

朱家角镇, 隶属于上海市青浦区, 位于上海市西部, 是上海四大历史文化名镇之一。小桥流水、木船摇曳, 一派江南水乡的风情。

2 **好的, 麻烦你了。**

"麻烦你/您了"表示请求、拜托别人。

[例如]:

谢谢你来车站接我, **麻烦你了**。

麻烦您了, 请帮我把这些东西搬到楼上。

3　**马上就到。**

"马上"表示事情很快发生，时间很短。

[例如]：

饭**马上**好。

我**马上**回家。

4　**请等我一下。**

"v.＋一下"意思是动作时间很短。

[例如]：

我想**休息一下**。(休息的时间不长)

别着急，让我**想一下**。(想的时间不长)

你来说 Let's Talk

1　**根据对话内容，回答问题。**
Answer the following questions according to the dialogue.

1. 大家都到了吗？

2. 马克给谁打了电话？

3. 由美为什么迟到？

2　**情景对话：快上课了，马克发现自己的好朋友阿力还没来，于是给阿力打电话。根据这个情景，分别选择不同的角色，展开对话。**
Pair work: The class is going to start. Mark finds that his good friend Ali hasn't arrived yet, and wants to call him. Play roles in this situation and make a conversation with your partner.

3　**小组讨论：说说你喜欢不喜欢和朋友一起出去玩。在上海，你有哪些想去游玩的地方？你想约谁一起去？**
Group work: Do you like to go out with your friends? Which places would you like to visit in Shanghai? Who would you like to go out with?

例：你想去哪儿玩？

　　我想去(豫园/上海博物馆/公园/商场……)。

　　你打算怎么去？

　　我打算(骑自行车/坐公交车/坐地铁/打出租车……)去。

　　你想和谁一起去？

　　我想和(家人/朋友/旅行团……)一起去。

　　(我想一个人去。)

　　……

TEXT 3

我来晚了。

Sorry, I'm late.

热身 Warming-up

看视频**V5-3**，回答下列问题。

Watch the video V5-3 and answer the following questions.

1. 卡米拉为什么唱歌？
2. 艾伯特和卡米拉在哪里给手机充电？
3. 你觉得这样的电话亭对什么人最有用？

生词与短语 Words and Expressions

1	耽误	dānwù	v.	delay; hold up	耽误时间
2	保证	bǎozhèng	v.	ensure	保证完成作业
3	打卡	dǎkǎ	v.	clock in; visit	美食打卡
4	果然	guǒrán	adv.	really; as expected	果然很好吃
5	浪漫	làngmàn	adj.	romantic	浪漫的日子
6	可惜	kěxī	adv.	unfortunately	
7	无线	wúxiàn	adj.	wireless	无线网络
8	充电	chōngdiàn	v.	charge (a battery)	无线充电
9	刷脸	shuā liǎn		use face recognition	
10	出行	chūxíng	v.	travel	坐火车出行
11	一定	yídìng	adv.	surely; definitely	一定满意；一定不迟到
12	拍手叫好	pāishǒu jiàohǎo		applaud	
13	体验	tǐyàn	v.	experience	体验一下

对话 Dialogue

（接到艾伯特的电话后，卡米拉赶紧朝集合地点赶来。）
(After receiving Albert's call, Camilla hurries to the gathering point.)

卡米拉： 真 对不起，我 来 晚 了。
Camilla: Sorry, I'm late.

老师： 没事，快 找 个位子坐吧。还 有 谁 没 到？
Teacher: Never mind. Take a seat. Is everyone here?

艾伯特： 都 到 齐 了。
Albert: Everyone is here now.

老师： 好 的，出发。
Teacher: Great. Let's go.

阿力： 老师，我们 几点 可以 回到 迎宾馆 ？
Ali: When can we get back to the guest hotel?

老师：Xiànzài shì wǎn gāofēng, bù hǎo shuō. Bù dǔchē de huà, dàgài yí ge bàn xiǎoshí.
老师： 现在 是 晚 高峰，不 好 说。不 堵车 的 话，大概 一个 半 小时。

Teacher: Hard to say, for it's the evening rush hour. If there is no traffic jam, it will take about an hour and a half.

（卡米拉在车上向同学们道歉。）
(Camilla apologizes to her classmates in the bus.)

Lǎoshī：Zhèyàng ba, Kǎmǐlā nǐ gěi dàjiā biǎoyǎn ge jiémù ba.
老师： 这样 吧，卡米拉 你给 大家 表演 个 节目 吧。

Teacher: Well, Camilla, how about giving us a short performance?

Kǎmǐlā：Hǎo de, nà wǒ chàng yì shǒu gē ba, wǒ zhǔnbèi yí xià.
卡米拉： 好 的，那 我 唱 一 首 歌 吧，我 准备 一下。

Camilla: OK, I will sing a song then. Give me a second.

（卡米拉唱了一首《小苹果》，大家都拍手叫好。）
(Camilla sings "Little Apple", and the students applaud.)

Kǎmǐlā：Bùhǎoyìsi, jīntiān wǒ chídào le, dānwu le dàjiā de shíjiān. Wǒ bǎozhèng zài yě bù chídào
卡米拉： 不好意思，今天 我 迟到 了，耽误 了 大家 的 时间。我 保证 再也不 迟到
le. Xiàcì zài chídào, wǒ qǐng quánbān tóngxué hē nǎichá.
了。下次 再 迟到，我 请 全班 同学 喝 奶茶。

Camilla: Sorry, I was late today and held you up. I promise that I won't be late again. Next time, if I'm late, I'll treat every one of you to a cup of milk tea.

（到学校后，卡米拉和艾伯特一起来到了学校附近的甜爱路打卡，看到了一个红色的电话亭。）
(After arriving at the university, Camilla and Albert go to the nearby Tian'ai Road, where they find a red phone booth.)

Àibótè：Nǐ kàn, lùbiān de qiángshang quán dōu shì gèzhǒng yǔyán de àiqíng shīgē. Tián'ài Lù guǒrán shì
艾伯特： 你 看，路边 的 墙上 全 都 是 各种 语言 的 爱情 诗歌。甜爱 路 果然 是
Shànghǎi zuì làngmàn de mǎlù a.
上海 最 浪漫 的 马路 啊。

Albert: Look! The walls on the roadside are full of love poems in various languages. Tian'ai Road is indeed the most romantic road in Shanghai.

Kǎmǐlā：Kěxī, wǒmen de shǒujī dōu méidiàn le, zhǐnéng kànkan.
卡米拉： 可惜，我们 的 手机 都 没电 了，只能 看看。

Camilla: What a pity! Our phones are out of battery. We can only watch.

Àibótè：Kuài guòlái kàn, zhège diànhuàtíng kěyǐ chōngdiàn. Wǒmen zài zhèr chōng yíhuìr diàn, jiù
艾伯特： 快 过来 看，这个 电话亭 可以 充电。我们 在 这儿 充 一会儿 电，就
néng pāizhào le.
能 拍照 了。

Albert: Look, we can charge our phones at this phone booth! After a while, we can take pictures.

Kǎmǐlā：Zhè ge zhìnéng diànhuàtíng tài hǎo le. Dǎ diànhuà, qián sān fēnzhōng miǎnfèi. Hái kěyǐ
卡米拉： 这个 智能 电话亭 太 好 了。打 电话，前 三 分钟 免费。还 可以
tōngguò píngmù shuā liǎn huò shūrù shǒujī hàomǎ jiào chūzūchē ne.
通过 屏幕 刷 脸 或 输入 手机 号码 叫 出租车 呢。

Camilla: It's an intelligent phone booth! People can not only make phone calls with the first three minutes free, but also call a taxi by face recognition or with their mobile phone numbers.

Àibótè : Yǒu le zhège fúwù, lǎoniánrén chūxíng jiù gèng fāngbiàn le . Lǎoyéye, lǎonǎinai yídìng dōu pāishǒu
艾伯特： 有了 这个 服务， 老年人 出行 就 更 方便 了。老爷爷、老奶奶 一定 都 拍手
jiàohǎo.
叫好 。
Albert: With this service, it will be more convenient for the elderly to go out. Grandpas and grandmas must be very happy.

Kǎmǐlā : Wǒmen lái tǐyàn yíxià ba.
卡米拉： 我 们 来体验一下吧。
Camilla: Let's have a try.

Àibótè : Kàn, wǒmen de chūzūchē hái yǒu wǔ fēnzhōng jiù dào le . Zhè shì chūzūchē de chēpáihào.
艾伯特： 看， 我们 的 出租车 还有五 分钟 就 到 了。这 是 出租车 的 车牌号 。
Albert: Oh, our taxi is 5 minutes away. This is its number.

Kǎmǐlā : Tài fāngbiàn le !
卡米拉： 太 方便 了!
Camilla: Cool! It's so convenient!

注释 Notes

1 没事，快找个位子坐吧。

"快+v."表示催促的意思。

[例如]：

他怎么还没到？**快打个电话**问问。

你迟到了半个小时，**快向大家道歉**。

2 这样吧，卡米拉你给大家表演个节目吧。

"这样吧，……"表示提出建议或请求。

[例如]：

这样吧，我们先等他五分钟，不来的话，再给他打电话。

这样吧，你先走一步，我马上就来。

3 我保证再也不迟到了。

"再也不……了"有"永远不……"的意思，表示决心很大，常用于承诺或保证。

[例如]：

妈妈，你放心，我**再也不熬夜了**。

这个饭店的菜实在太难吃，我**再也不会来了**。

你来说 Let's Talk

1 **根据对话内容，回答问题。**
Answer the following questions according to the dialogue.

1. 为了向大家表示歉意，卡米拉说了什么？

2. 甜爱路为什么是上海最浪漫的马路？

3. 智能电话亭除了可以充电之外，还可以做什么？

2 **情景对话：马克看电影来晚了，觉得非常不好意思。根据这个情景，分别选择不同的角色，展开对话。**
Pair work: Mark is late for the movie and he feels very sorry. Play roles in this situation and make a conversation with your partner.

3 **小组讨论：说说你和朋友一起出行游玩的经历。你们一起去了哪儿？在那里进行了哪些活动？你觉得那次出行怎么样？什么给你留下了深刻的印象？可以借助图片，和大家一起分享美好的旅游经历。**
Group work: Tell us about your travel experiences with friends. Where did you go? What did you do there? What do you think of that trip? What impressed you a lot? Show some photos if possible to share your wonderful travel experience.

例：大家好，我是马克，我想跟大家分享我和朋友一起去朱家角的出行经历。我觉得朱家角的风景很美，我们坐了船，吃了肉粽子。朱家角各种各样的桥给我留下了深刻的印象。……

文化拓展
Cultural Notes

1 看视频V5-4（《海派百工》第一季第7集《曹素功墨锭制作技艺》），回答下列问题。
Watch the video V5-4 and answer the following questions.

　　1. 曹素功创始于哪一年？
　　2. 曹素功是什么时候从安徽迁到上海的？
　　3. 海派文化对曹素功的技艺有什么影响？

2 阅读文章，与同学一起讨论，谈谈曹素功的墨为什么是墨中上品。

　　笔墨纸砚是中国传统的文房四宝，其中墨以安徽产的徽墨最为出名。墨看起来黑黑的，普普通通，但一块好墨的诞生要经过好多道工序。一块好墨不仅是书画家的好帮手，能让他们的作品如虎添翼，更是一件不可多得的艺术品。

　　清代制墨名家曹素功1667年在安徽歙县开始了制墨生意，其家族产业1864年迁到上海。在海派文化的影响下，曹素功墨锭制作技艺不断发展，并与海派文人一起创造出了富有海派文化特色的墨中上品。

学习档案
Learning Portfolios

根据下列场景分别写出3个有用的句子。

Write 3 useful sentences based on the following scenarios.

场景1：提醒同伴集合时间快到了。

Scenario 1: Remind your partner that it's time to gather.

_____

_____

_____

场景2：跟导游表达游玩感受（风景、特色、建筑、游客、纪念品……）。

Scenario 2: Talk with the tour guide about your travel experience.

_____

_____

_____

场景3：老师请你来负责清点人数。

Scenario 3: The teacher asks you to count the number of people.

_____

_____

_____

城市小贴士
Overview of Shanghai

世界上哪座城市的咖啡馆最多？世界最大的天文馆在哪里？世界最高的餐厅又在哪里？答案都是在上海，上海的高度、速度、广度引领世界。

一年一度的上海旅游节是目前国内规模最大、最具城市影响力的大型旅游节庆活动。上海旅游的最大特点是既有美丽风景，又有美好生活，建筑可阅读、街区可漫步、滨水可游憩、郊野可休闲，城市有了更多"小而美"的演艺新空间、人文新景观、休闲好去处。上海已成为著名的国际文化大都市和国际旅游目的地。

Unit 6

Shopping

学习目标
Learning Objectives

第六单元
购物

➤ 学会在购物时表达自己的喜好和需求。
   Learn to express your preferences and needs when shopping.

➤ 学会询问价格及支付方式。
   Learn to ask for prices and the means of payment.

➤ 学会在网上购物。
   Learn to shop online.

TEXT 1

好看吗？

Does it look good?

热身 Warming-up

看视频**V6-1**，回答下列问题。

Watch the video V6-1 and answer the following questions.

1. 马克不喜欢什么颜色？
2. 马克试了几件衣服？
3. 黄色的衣服是什么号？

生词与短语 Words and Expressions

1	售货员	shòuhuòyuán	n.	salesperson	
2	随便	suíbiàn	adv.	randomly; casually	随便走一走
3	衬衫	chènshān	n.	shirt	这件衬衫；花衬衫
4	颜色	yánsè	n.	color	一种颜色；深颜色
5	适合	shìhé	v.	fit	很适合你；不太适合
6	黑色	hēisè	n.	black	黑色的衬衫
7	黄色	huángsè	n.	yellow	衬衫是黄色的
8	衣服	yīfu	n.	clothes	一件衣服；试衣服
9	没问题	méi wèntí		no problem	完全没问题
10	稍等	shāoděng	v.	just a moment	请稍等；稍等一会儿
11	过来	guòlái	v.	come over	走过来；拿过来
12	镜子	jìngzi	n.	mirror	照镜子；一面镜子
13	卖	mài	v.	sell	卖衣服；卖得贵
14	完了	wánle		finished	卖完了；吃完了；看完了

对话 Dialogue

（马克和琳琳走进一家服装店，马克看中了一件衣服，想试试。）

(Mark and Linlin walk into a clothing store. Mark sees a shirt and wants to try it on.)

Shòuhuòyuán： Nínhǎo， qǐng jìn， xiǎng mǎi shénme？
售货员：您好，请进，想买什么？
Salesperson: Hello, what can I do for you?

Línlin： Wǒmen suíbiàn kànkan.
琳琳：我们随便看看。
Linlin: We would like to have a look.

Mǎkè： Zhè jiàn chènshān zěnmeyàng？
马克：这件衬衫怎么样？
Mark: What do you think of this shirt?

Línlin： Wǒ juéde yánsè bú tài shìhé nǐ. Nǐ kànkan zhè jiàn hēisè de ne？
琳琳：我觉得颜色不太适合你。你看看这件黑色的呢？
Linlin: I don't think you look good in this color. How about the black one?

Mǎkè： Dànshì wǒ bù xǐhuan hēisè.
马克：但是我不喜欢黑色。
Mark: Well, I don't like black.

Línlin: Wǒ juéde hēisè shìhé nǐ.
琳琳： 我 觉得 黑色 适合 你。
Linlin: You look good in black.

Mǎkè: Zhè jiàn huángsè de zěnmeyàng?
马克： 这 件 黄色 的 怎么样？
Mark: How about this yellow one?

Línlin: Huángsè de tǐng hǎokàn de.
琳琳： 黄色 的 挺 好看 的。
Linlin: Emm, it looks fine.

Mǎkè: Nínhǎo! Qǐngwèn, kěyǐ shìshi zhè liǎng jiàn yīfu ma?
马克： 您好！ 请问 ， 可以 试试 这 两 件 衣服 吗？
Mark: Excuse me! Can I try these two shirts?

Shòuhuòyuán: Méi wèntí, nín shāoděng, zhèbiān qǐng.
售货员 ： 没 问题，您 稍等 ， 这边 请。
Salesperson: Sure. Wait a minute. This way please.

（马克穿着新衣服走过来。）
(Mark comes over in the new shirt.)

Mǎkè: Zěnmeyàng? Hǎo kàn ma?
马克： 怎么样 ？ 好 看 吗？
Mark: Any comments? Does it look good?

Línlin: Hǎokàn! Zhèr yǒu jìngzi.
琳琳： 好看 ！ 这儿 有 镜子。
Linlin: Yeah, it looks nice! Here is the mirror.

Mǎkè: Wǒ juéde L hào yǒudiǎnr xiǎo le. XL hào de yǒu ma?
马克： 我 觉得 L 号 有点儿 小 了。XL 号 的 有 吗？
Mark: I think the L size is a little bit small. Do you have XL size?

Shòuhuòyuán: Wǒ zhǎo yí xià … Huángsè yǒu XL hào de, hēisè de mài wán le.
售货员 ： 我 找 一 下…… 黄色 有 XL 号 的，黑色 的 卖 完 了。
Salesperson: Let me check. Oh yes, we have XL size for the yellow color, but none for the black.

注释 Notes

1 **我们随便看看。**

在进入不熟悉的店时，不确定需要什么或者不喜欢有人跟着的话，可以对售货员说"我(们)随便看看"。

[例如]：

——你晚上想吃什么？

——**随便**，都可以。

这个例子中的"随便"指的是没有什么特别的倾向性，什么都行。

2 请问，可以试试这两件衣服吗?

"v.+v."或者"v.一v."表示尝试着做某件事。

[例如]：

我可以**试试**这件衣服吗?

这个字你好好**写一写**。

我先**尝尝**这个菜是什么味道。

3 我觉得L号有点儿小了。

"有点儿+adj."表示程度比较轻。

[例如]：

我的头**有点儿疼**。

今天**有点儿冷**。

你来说 Let's Talk

1 根据对话内容，回答问题。
Answer the following questions according to the dialogue.

1. 琳琳觉得黄色的衣服适合马克吗?

2. 马克试穿黄色L号的衣服满意吗?

3. 最后，马克可能会买一件什么样的衣服?

2 情景对话：马克和同学一起在商店，他想给爸爸买一件唐装。根据这个情景，分别选择不同的角色，展开对话。
Pair work: Mark is in a shopping mall with his classmates, and he wants to buy a Tang garment for his father. Play roles in this situation and make a conversation with your partner.

3 小组讨论：说说今天你们小组成员的穿着打扮。谁的穿戴很好看，让你眼前一亮?
Group work: Talk about how each of your group members is dressed today. Who looks good and impresses you the most?
(请参考表格中所给的信息进行对话，并根据自己的汉语水平写出汉字或拼音。)
例：今天马克戴了一顶红色的帽子，特别帅。
　　琳琳穿了一条粉色的裙子，很漂亮。

姓名	颜色	类型	评价
马克	红色	帽子	帅
琳琳	粉色	裙子	漂亮

TEXT 2

这件旗袍真美啊!

This Qipao looks nice!

热身 Warming-up

看视频**V6-2**,回答下列问题。

Watch the video V6-2 and answer the following questions.

1. 第一件旗袍多少钱?
2. 第二件旗袍为什么便宜?
3. 艾伯特给谁买旗袍?

生词与短语 Words and Expressions

1	旗袍	qípáo	n.	Qipao (cheongsam)	一件旗袍
2	挑	tiāo	v.	select	我想挑一本中文书
3	价钱	jiàqián	n.	price	价钱合适；什么价钱
4	实惠	shíhuì	adj.	affordable	很实惠；实惠又好吃
5	摸	mō	v.	feel; touch	摸起来；摸上去
6	舒服	shūfu	adj.	comfortable	不舒服；穿起来很舒服
7	土布	tǔbù	n.	homespun cloth	用土布做的
8	纯	chún	adj.	pure	纯色
9	棉	mián	n.	cotton	纯棉
10	帮	bāng	v.	help	帮我挑旗袍
11	包	bāo	v.	wrap; pack	把衣服包起来
12	成功	chénggōng	v.	succeed	支付成功；很成功
13	小票	xiǎopiào	n.	receipt	购物小票
14	核对	héduì	v.	check	核对一下；核对价钱
15	孝顺	xiàoshùn	v. adj.	(be) filial	孝顺父母；很孝顺

对话 Dialogue

（艾伯特买好衣服了，发现马丽塔正在看旗袍。）

(Albert pays for the shirt and finds Marita looking at a Qipao (cheongsam).)

Mǎlìtǎ : Zhè jiàn qípáo zhēn měi a !
马丽塔： 这 件 旗袍 真 美 啊!
Marita: This Qipao looks nice!

Àibótè : Duì, wǒ kàn yě tǐng shìhé wǒ māma de, tā yìzhí xiǎng yǒu yí jiàn qípáo.
艾伯特： 对，我 看 也 挺 适合 我 妈妈 的，她 一直 想 有 一 件 旗袍。
Albert: Wow. I think it suits my mom, and I know she always wants to have one.

Mǎlìtǎ : Nà nǐ jiù tiāo yí jiàn ba!
马丽塔： 那你就 挑 一 件 吧!
Marita: Why not pick one for her?

（艾伯特在挑旗袍。）

(Albert is choosing a Qipao at the moment.)

Àibótè： Qǐng bǎ nà jiàn ná gěi wǒ kàn yí xià, nà jiàn qípáo duōshao qián?
艾伯特： 请 把 那件 拿给 我 看 一下，那件 旗袍 多少 钱？
Albert: Can I have a look at that one? How much does it cost?

Shòuhuòyuán： Yìqiān duō.
售货员 ： 一千 多。
Salesperson: A little over 1,000, I guess.

Àibótè： Xiànzài nǐmen yǒuméiyǒu huódòng a?
艾伯特： 现在 你们 有没有 活动 啊?
Albert: Any special offer or discount?

Shòuhuòyuán： Nín kàn, zhè jiàn qípáo yě búcuò, jiàqián shíhuì, bù dào sì bǎi.
售货员 ： 您看，这 件 旗袍 也 不错，价钱 实惠，不到 四百。
Salesperson: Look! How about this one? It's also nice, and its price is reasonable: no more than 400 yuan.

Àibótè： Zhè jiàn qípáo mō qǐlái hǎo shūfu ya!
艾伯特： 这 件 旗袍 摸起来 好 舒服呀!
Albert: Emm. It feels comfortable.

Shòuhuòyuán： Zhè shì yòng wǒmen Shànghǎi tǔ bù zuò de, shì chún mián de, nín māma yídìng huì xǐhuan de.
售货员 ： 这是 用 我们 上海 土布做的，是 纯 棉 的，您 妈妈 一定 会 喜欢 的。
Salesperson: Right. It is made of Shanghai local cloth, 100% cotton. Your mom will surely like it.

Àibótè： Hǎode, wǒ mǎi le. Qǐng bāng wǒ bāo qǐlái.
艾伯特： 好的，我 买了。请 帮 我 包 起来。
Albert: Okay, I will buy it. Please wrap it up for me.

Shòuhuòyuán： Méi wèntí, nín zěnme zhīfù?
售货员 ： 没 问题，您 怎么 支付?
Salesperson: No problem. How do you pay for it?

Àibótè： Wēixìn ba, wǒ yě yǒu Zhīfùbǎo.
艾伯特： 微信 吧，我 也 有 支付宝。
Albert: By WeChat, and I have Alipay as well.

Shòuhuòyuán： Qǐng zài zhèr sǎo mǎ⋯⋯ Sǎo mǎ chénggōng, zhè shì nín de xiǎopiào, qǐng héduì yí xià.
售货员 ： 请 在 这儿 扫码……扫码 成功 ，这 是 您 的 小票，请 核对 一下。
Salesperson: Please scan the code here. Done! This is your receipt, and you can have a check.

Àibótè： Hǎo de, xièxie nǐ.
艾伯特： 好 的，谢谢 你。
Albert: Thank you very much.

Shòuhuòyuán： Nín màn zǒu, huānyíng xià cì zài lái.
售货员 ： 您 慢 走，欢迎 下次再来。
Salesperson: You're welcome. See you next time.

注释 Notes

1 一千多；不到四百

"多""不到"都表示程度。"多"用在数词后，"不到"用在数词前。

[例如]：

我二十**多**了，是个大人了。

妈妈**不到**六十，还年轻。

2 现在你们有没有活动啊？

"有没有活动"在这里是委婉地表达是否可以打折或者便宜一点儿。

[例如]：

——进来看看，新品上市，我们店有很多**活动**。

——现在有什么**活动**？

——买两件可以打9.5折。

3 这件旗袍摸起来好舒服呀！

"起来"用在动词或形容词后，表示一种感官上的感受。动词可以是"看""听""闻""吃"等。

[例如]：

这首歌**听起来**不错。

这个菜**看起来**很好吃的样子。

4 您慢走，欢迎下次再来。

"慢走"是一种礼貌的表达方式，表示"再见"。

[例如]：

——谢谢阿姨的款待。

——不客气，**慢走**啊。再来家里玩儿。

你来说 Let's Talk

1 根据对话内容，回答问题。

Answer the following questions according to the dialogue.

1. 艾伯特为妈妈买了旗袍吗？

2. 艾伯特买的礼物适合妈妈吗？

3. 上海土布旗袍有什么优点？

2 情景对话：马克在商店买丝巾，想知道买得多能不能打折。根据这个情景，分别选择不同的角色，展开对话。

Pair work: Mark is in a shop and wants to buy some silk scarves. He is wondering if he can buy more with a special offer or discount. Play roles in this situation and make a conversation with your partner.

3 小组讨论：你在回国时准备为家人、朋友买什么礼物？说明为什么选择这件礼物。下面有一些常见的信息供你参考。

Group work: What gifts do you plan to buy for your family and friends when you go back to your home? Here are some information for your reference.

（请参考表格中所给的信息进行对话，并根据自己的汉语水平写出汉字或拼音。）

例：琳琳想给爸爸买一盒茶叶，她觉得中国的龙井茶很好喝。

　　由美想给弟弟买一把扇子，她觉得用中国的扇子很帅。

姓名	什么礼物	送给谁	为什么
琳琳	一盒茶叶	爸爸	很好喝
由美	一把扇子	弟弟	用中国的扇子很帅

TEXT 3

包邮吗？
Free delivery?

热身 Warming-up

看视频**V6-3**，回答下列问题。

Watch the video V6-3 and answer the following questions.

1. 李昊瑞在网购吗？
2. 李昊瑞想买什么？
3. 现在店里有什么活动？

生词与短语 Words and Expressions

1	礼物	lǐwù	n.	gift	一件礼物；送礼物
2	项链	xiàngliàn	n.	necklace	一条项链
3	在线	zàixiàn		online	在线学习；不在线
4	客服	kèfú	n.	customer service	在线客服；人工客服
5	为	wèi	prep.	for	很高兴为您服务
6	服务	fúwù	v.	serve	服务业；为大家服务
7	礼盒	lǐhé	n.	gift box	礼盒包装
8	包装	bāozhuāng	n. & v.	pack; package	包装礼物；包装一下
9	免费	miǎnfèi	adj. & adv.	free of charge	免费参观；免费试用
10	包邮	bāo yóu		free delivery	全国包邮
11	物美价廉	wùměi-jiàlián		good quality and reasonable price	
12	如果	rúguǒ	conj.	if	如果你有困难，请告诉我
13	满意	mǎnyì	adj.	satisfied	对……很满意
14	放心	fàngxīn	v.	be at ease	请放心；放心吧，有我在
15	理由	lǐyóu	n.	reason	无理由；理由充足
16	退	tuì	v.	return	退货；退钱
17	下单	xiàdān	v.	order online	已经下单了
18	发货	fāhuò	v.	deliver the goods	马上发货

对话 Dialogue

(李昊瑞在淘宝上给朋友选礼物，正好看见用土布做的项链。他打算在线购买。)
(Li Haorui tries to find some gifts for his friends on Taobao and finds a necklace made of homespun cloth. He wants to buy some online.)

Lǐ Hàoruì：Nǐhǎo!
李 昊瑞：你好！
Li Haorui: Hello! (Are you there?)

Kèfú：Zài de, qīn, hěn gāoxìng wèi nín fúwù. Yǒu shénme kěyǐ bāng nín de ma?
客服：在的，亲，很 高兴 为您 服务。有 什么 可以 帮 您 的 吗？
Customer service: Hello! (I'm here.) What can I do for you?

李昊瑞：Lǐ Hàoruì: Mǎi xiàngliàn yǒu lǐhé bāozhuāng ma? Zhè shì wǒ zhǔnbèi sòng rén de lǐwù.
李昊瑞：买 项链 有 礼盒 包装 吗？这 是 我 准备 送 人 的 礼物。
Li Haorui: Is there a gift box for the necklace? I plan to buy it as a gift.

客服：Kèfú: Yǒu de, mǎi wǔ tiáo xiàngliàn, miǎnfèi sòng lǐhé.
客服：有 的，买 五 条 项链，免费 送 礼盒。
Customer service: Yes. If you buy five necklaces, you can get a free gift box.

李昊瑞：Lǐ Hàoruì: Bāo yóu ma?
李昊瑞：包 邮 吗？
Li Haorui: Free delivery?

客服：Kèfú: Bāo yóu. Xiànzài quán diàn mǎn 99 jiǎn 10, wǒmen jiā de dōngxi wùměijiàlián.
客服：包 邮。现在 全 店 满 99 减 10，我们 家 的 东西 物美价廉。
Customer service: Free delivery, and we also have some special offers. If you make a purchase of ¥99, you'll get ¥10 off. Our products boast good quality at reasonable prices.

李昊瑞：Lǐ Hàoruì: Rúguǒ duì shíwù bù mǎnyì, zěnme bàn?
李昊瑞：如果 对 实物 不 满意，怎么 办？
Li Haorui: What if I'm not satisfied with the product?

客服：Kèfú: Fàngxīn ba, qīn, wǒmen qī tiān wú lǐyóu tuì huò.
客服：放心 吧，亲，我们 七 天 无理由 退 货。
Customer service: Don't worry. You can return the product for no reasons within 7 days.

李昊瑞：Lǐ Hàoruì: Xiànzài xiàdān, jīntiān kěyǐ fāhuò ma?
李昊瑞：现在 下单，今天 可以 发货 吗？
Li Haorui: If I place the order, can it be shipped today?

客服：Kèfú: Sì diǎn qián xiàdān, bìng zàixiàn zhīfù, dàngtiān fāhuò.
客服：四 点 前 下单，并 在线 支付，当天 发货。
Customer service: If you make the order before 4 p.m., the goods will be sent off today.

李昊瑞：Lǐ Hàoruì: Nà wǒ xiànzài jiù qù pāi.
李昊瑞：那 我 现在 就 去 拍。
Li Haorui: Okay, I'll buy it right now.

客服：Kèfú: Hǎode ne, xièxie qīn.
客服：好的 呢，谢谢 亲。
Customer service: Good. Thank you!

注释 Notes

1 **在的，亲。**

"在的，亲。"这是淘宝客服回答顾客的常用语。"亲"是淘宝客服对顾客的尊称，其他地方一般不这么用。

[例如]：

——在吗？

——**在的，亲**。请问您需要什么帮助？

——我已经下单了。

——谢谢**亲**。

2 全店满 99 减 10

"满……减……"是商店的一种促销方式。"满99减10"类似打九折，买99元最终只需要支付89元。在中国，除了说"满……减……"，还有"买……送……""打……折"等说法。

[例如]：

袜子**买一送一**。

这件衣服**打八折**。(20% off)

3 我们家七天无理由退货

"七天无理由退货"指从收到商品起7天内可以无理由退货。2014年3月15日正式实施的《消费者权益保护法》规定，除特殊商品外，网购商品在到货之日起7日内应当支持顾客的无理由退货诉求。

4 我现在就去下单

"下单"指购买线上商品。日常口语里我们常常会说"我去买""我买好了"，线上购物我们则说"我去下单""我下好单了"。

[例如]：

——亲，您**下单了**吗？

——我已经**下好单了**。

——亲，还没看见您**下单**呢？

——不好意思，我再想想。

你来说 Let's Talk

1 根据对话内容，回答问题。

Answer the following questions according to the dialogue.

1. 淘宝客服常常用哪个特别的字来称呼顾客？

2. 只要李昊瑞对项链不满意，就可以退货吗？

3. 现在下单一定可以当天发货吗？

2 情景对话：琳琳网购了5双白袜子，但店家发了5双黑袜子，她想跟客服沟通如何退换。根据这个情景，分别选择不同的角色，展开对话。

Pair work: Linlin bought 5 pairs of white socks online, but the store owner made a mistake and sent her 5 pairs of black ones. Linlin wants to ask customer service for return or exchange. Play roles in this situation and make a conversation with your partner.

3 小组讨论：如何在网上购买一件旗袍？说说旗袍的款式、尺码、颜色等要求，并与在线客服进行沟通。（请参考表格中所给的信息进行对话，并根据自己的汉语水平写出汉字或拼音。）

Group work: Discuss how to buy a Qipao online. You may need to talk with the online customer service about the style, size and color. (Some information is provided below for your reference. You may write either Chinese characters or Pinyin.)

例：我想要一件长款的中袖旗袍，自己穿，丝绸材质的，不要太贵，请帮我推荐一下，可以吗？

我想要一件短款的无袖旗袍，送给妹妹，土布的，颜色好看的，请帮我推荐一下吧。

我的要求	给谁买	我怎么说
长款的中袖旗袍，丝绸材质，不太贵	自己	请帮我推荐一下，可以吗？
短款的无袖旗袍，土布的，颜色好看的	妹妹	请帮我推荐一下吧。

文化拓展
Cultural Notes

1 看视频**V6-4**（《海派百工》第一季第5集《土布纺织技艺》），回答下列问题。
Watch the video V6-4 and answer the following questions.

1. 土布做的衣服穿着舒服吗？
2. 土布的花色很多，你最喜欢哪种花色？你们国家有哪些传统服装图案呢？

2 阅读文章，与同学一起讨论，谈谈土布与上海人的生活有什么关系，过去新娘陪嫁的土布为什么重要。

　　土布纺织是一种流行于上海及附近地区的全棉手工纺织工艺，也是上海市级非物质文化遗产。土布具有上海特色，用途广泛，大到床单、桌布，小到纸巾盒、项链，都可以用土布制作，男女老少都喜欢。过去，姑娘出嫁多以土布作为嫁妆，俗称"压箱底"。陪嫁的土布，不仅是财富的表现，也是新娘心灵手巧的象征。

学习档案
Learning Portfolios

根据下列场景分别写出3个有用的句子。
Write 3 useful sentences based on the following scenarios.

场景1: 在鞋店买球鞋。
Scenario 1: You are buying a pair of sneakers at a shoe store.

_____

_____

_____

场景2: 向朋友推荐她预算以内的礼物(茶叶、丝巾、扇子、筷子、旗袍、冰箱贴⋯⋯)。
Scenario 2: You are recommending a gift to a friend within his/her budget.

_____

_____

_____

场景3: 为自己网购 5 双袜子,向客服咨询袜子的大小、长短、颜色。
Scenario 3: You want to buy 5 pairs of socks online for yourself and ask customer service about the sizes, lengths, and colors.

_____

_____

_____

城市小贴士
Overview of Shanghai

上海著名购物商圈

豫园：豫园汇聚了具有浓郁海派文化特色的古玩商品市场和各种传统物品专卖店，如玉器市场、金店、筷子专卖店、旗袍专卖店、扇子专卖店等。

淮海中路、新天地：淮海路商业街被称为"东方香榭丽舍大街"，除以供应高档流行商品和品牌服饰为主的大型商厦外，还开设有许多高端品牌专卖店、旗舰店。上海新天地以独特的石库门建筑为基础，将传统石库门里弄与现代建筑相结合，集历史文化、旅游餐饮、商业娱乐等功能于一体。

田子坊：田子坊面积7万余平方米，是历史与现代风情交融的创意乐园，老厂房和旧民居是其鲜明建筑特色。

Unit 7

Entertainment & leisure

学习目标
Learning Objectives

第七单元
休闲
娱乐

➢ 学会邀请他人一起参加活动。
  Learn to invite others to join in activities.

➢ 学会协商制定理想的消费方案。
  Learn to negotiate an ideal plan for spending.

➢ 学会分享休闲娱乐生活。
  Learn to share experience in leisure and entertainment.

TEXT 1

我想去唱歌！
I want to go to KTV!

热身 Warming-up

看视频 **V7-1**，回答下列问题。

Watch the video V7-1 and answer the following questions.

1. 阿力去没去KTV?
2. KTV还有包厢吗?
3. 唱歌一个小时多少钱?

生词与短语 Words and Expressions

1	商量	shāngliang	v.	discuss	多商量；跟朋友商量一下
2	一起	yìqǐ	adv.	together	一起去；一起玩
3	KTV		n.	Karaoke TV	
4	前台	qiántái	n.	reception	酒店前台；前台服务员
5	订	dìng	v.	book; reserve	订房间；订票
6	包厢	bāoxiāng	n.	box; room	戏院包厢

对话 Dialogue

（下课后，马克、由美商量一起出去玩。）

(After class, Mark and Yumi are discussing what to do for entertainment.)

Mǎkè： Xiàkè hòu, nǐ xiǎng qù nǎr？
马克： 下课后，你想去哪儿？
Mark: Where do you want to go after class?

Yóuměi： Wǒ xiǎng qù chànggē, nǐ xiǎng qù ma？
由美： 我想去唱歌，你想去吗？
Yumi: I want to go to KTV. Do you want to go with me?

Mǎkè： Tài hǎo le！Wǒ yě hěn xiǎng qù.
马克： 太好了！我也很想去。
Mark: Sounds good! I want to go there too.

Yóuměi： Nà wǒmen yìqǐ qù KTV ba！
由美： 那我们一起去KTV吧！
Yumi: Great, let'go to KTV together!

Ālì ： Wǒ yě qù.
阿力： 我也去。
Ali: I'll go with you two.

（马克、由美和阿力在KTV前台订包厢。）

(Mark, Yumi and Ali are at the KTV reception desk and they want to book a room.)

Fúwùyuán： Nínhǎo, qǐngwèn jǐ wèi？
服务员： 您好，请问几位？
Waiter: Hello, welcome. How many people are there?

Yóuměi： Nínhǎo, sān wèi. Hái yǒu bāoxiāng ma？
由美： 您好，三位。还有包厢吗？
Yumi: Three. Any rooms available?

Fúwùyuán： Yǒu, hái yǒu yí gè xiǎo bāo.
服务员： 有，还 有 一 个 小 包。
Waiter: Yeah, we still have a small room.

Yóuměi： Yí gè xiǎoshí duōshǎo qián?
由美： 一 个 小时 多少 钱？
Yumi: How much does it cost for an hour?

Fúwùyuán： Yìbǎiwǔ yí gè xiǎoshí, qǐngwèn nǐmen yào chàng jǐ gè xiǎoshí?
服务员： 一百五 一个 小时， 请问 你们 要 唱 几个 小时？
Waiter: 150 yuan per hour. How many hours do you want?

Yóuměi： Liǎng gè xiǎoshí.
由美： 两 个 小时。
Yumi: 2 hours.

Fúwùyuán： Qǐngwèn yào bāo duàn ma? Sān gè xiǎoshí sānbǎi'èr.
服务员： 请问 要 包 段 吗？三 个 小时 三百二。
Waiter: Would you like this special offer? 320 yuan for three hours.

Yóuměi： Hǎo, wǒmen yào bāo duàn.
由美： 好，我们 要 包 段。
Yumi: Okay, we'll take it.

注释 Notes

1 **那我们一起去KTV吧！**

"吧"放在句子末尾，表示建议做某事。

[例如]：

——明天我们一起去公园**吧**！

——好的。

2 **请问几位？**

"几""多少"是疑问代词，可用于询问数量。"几"询问的数量通常在1—9之间，"多少"询问的数量≥10.

[例如]：

你家有**几**口人？

上海有**多少**人口？

3 请问你们要唱几个小时?

"v.+时间段"表示动作持续了一段时间。

[例如]:

我游泳**游了两个小时**。

我打算**看一小时书**。

4 请问要包段吗?

"包段"的意思是买下某个时间段,这样优惠一些。

[例如]:

(在KTV)我们想唱三个小时,有**包段**吗?

(在乒乓球馆)**包段**的话,可以打几个小时?

你来说 Let's Talk

1 根据对话内容,回答问题。
Answer the following questions according to the dialogue.

1.由美选了大包还是小包?

2.由美为什么要包段?

3."包段"是什么意思?要付多少钱?

2 情景对话:马克邀请同学一起滨江骑行。根据这个情景,分别选择不同的角色,展开对话。
Pair work: Mark wants to invite his classmates to ride along the river. Play roles in this situation and make a conversation with your partner.

3 小组讨论:说说你喜欢听哪首中文歌。这首歌是谁唱的?你喜欢哪一句歌词?
Group work: Do you like listening to Chinese songs? Tell the class which one is your favorite. Who is the original singer? Which lyrics impress you the most?
例:马克最喜欢的歌手是筷子兄弟。他最喜欢的歌曲是《小苹果》。"你是我的小呀小苹果儿,就像天边最美的云朵"这句歌词给他留下了深刻的印象。

TEXT 2

还有台子吗?
Any tables available?

热身 Warming-up

看视频**V7-2**,回答下列问题。

Watch the video V7-2 and answer the following questions.

1. 他们有几个人?
2. 他们现在在哪儿?
3. 他们想做什么?

- 114

生词与短语 Words and Expressions

1	台子	táizi	n.	table	订台子；桌球台子
2	张	zhāng	measure word	used for something flat, such as paper, paintings and tables	一张台子；两张纸
3	可以	kěyǐ	v.	can	不可以进来
4	价目表	jiàmùbiǎo	n.	price list	
5	优惠	yōuhuì	n.	preferential price; discount	有没有优惠？
6	会员	huìyuán	n.	member	会员卡；会员服务
7	打折	dǎzhé	v.	discount	打九折
8	二维码	èrwéimǎ	n.	QR code	请扫这个二维码

对话 Dialogue

（马克和琳琳在台球馆前台订台子。）

(Mark and Linlin want to book a table at the pool room.)

Fúwùyuán: Nín hǎo, qǐngwèn nǐmen yǒu jǐ gè rén?
服务员： 您好， 请问 你们 有 几个人？
Waiter: Hello, welcome! How many people do you have?

Mǎkè: Wǔ gè.
马克： 五个。
Mark: Five.

Línlin: Hái yǒu táizi ma?
琳琳： 还 有 台子 吗？
Linlin: Any tables available?

Fúwùyuán: Yǒu, qǐngwèn yào jǐ zhāng táizi?
服务员： 有， 请问 要 几 张 台子？
Waiter: Yes. How many tables do you need to order?

Línlin: Liǎng zhāng.
琳琳： 两 张 。
Linlin: We need two.

Fúwùyuán: Hǎo de, bā hào tái hé jiǔ hào tái, kěyǐ ma?
服务员： 好 的，八 号 台 和 九 号 台， 可以 吗？
Waiter: Well, No. 8 and No. 9. Are they OK?

Mǎkè：　Bā hào，　jiǔ hào，　kěyǐ！　Xièxie！
马克：八 号、九 号，可以！谢谢！
Mark: No. 8 and No. 9 are OK. Thank you!

Línlin：　Qǐngwèn yí gè xiǎoshí duōshao qián？
琳琳：　请问 一 个 小时 多少 钱？
Linlin: How much does a table cost for an hour?

Fúwùyuán：　Sānshí kuài.　Zhè shì wǒmen de jiàmùbiǎo.
服务员：三十 块。这 是 我们 的 价目表。
Waiter: 30 yuan per hour. This is our price list.

Mǎkè：　Jiàmùbiǎo……
马克：价目表……
Mark: OK. Let me have a look.

Línlin（kànle yì yǎn jiàmùbiǎo）：　Yǒu yōuhuì ma？
琳琳 (看了一眼 价目表)：有 优惠 吗？
Linlin (taking a look at the list): Any special offer or discount?

Fúwùyuán：　Yǒu，　xiànzài mǎi sān gè xiǎoshí，　sòng yí gè xiǎoshí.　Nín yǒu huìyuánkǎ ma？
服务员：有，现在 买 三 个 小时，送 一 个 小时。您 有 会员卡 吗？
Waiter: Yes. If you buy 3 hours, we can give you an extra hour for free. By the way, do you have our membership card?

Mǎkè：　Huìyuánkǎ……　e……
马克：会员卡 ……呃……
Mark: Emm, membership card...

Línlin：　Huìyuánkǎ，　méiyou.
琳琳：会员卡，没有。
Linlin: No, we don't have that.

Fúwùyuán：　Yǒu huìyuánkǎ dǎ bāzhé.　Nín yào bàn yì zhāng huìyuánkǎ ma？
服务员：有 会员卡 打 八折。您 要 办 一 张 会员卡 吗？
Waiter: If you have one, you may get a 20% discount. Do you want to register now?

（马克和琳琳商量了一会儿……）
(Mark and Linlin are discussing...)

Mǎkè：　Búyòng，　xièxie.
马克：不用，谢谢。
Mark: Maybe next time. Thank you.

Fúwùyuán：　Nín zěnme fùkuǎn？
服务员：您 怎么 付款？
Waiter: OK. How do you pay for the bill?

Línlin：　Sǎo mǎ fùkuǎn.
琳琳：扫 码 付款。
Linlin: By scanning the code.

Fúwùyuán：Hǎo de，　qǐng sǎo èrwéimǎ.
服务员：好 的，请 扫 二维码。
Waiter: OK, please scan here.

注释　Notes

1 **请问要几张台子？**

"张"，量词，用于带有平面的东西。

[例如]：

请给我一**张**A4纸。

教室里有四**张**桌子。

2 **您要办一张会员卡吗？**

"办……"意思是办理、处理。

[例如]：

办入学手续。

这些事情都不太好**办**。

3 **您怎么付款？**

"怎么 + v."用于询问状况、方式、原因等。

[例如]：

——你**怎么**去学校？

——我走路去学校。

他**怎么**还不回来？

你来说　Let's Talk

1 **根据对话内容，回答问题。**
Answer the following questions according to the dialogue.

1. 琳琳想要几张台子？

2. 马克有没有会员卡？

3. 他们怎么付款？

2 **情景对话：马克打电话去羽毛球馆预约场地和时间。根据这个情景，分别选择不同的角色，展开对话。**
Pair work: Mark wants to book a place in the badminton hall. He is making a phone call to the reception desk. Play roles in this situation and make a conversation with your partner.

3 **小组讨论：说说你喜不喜欢打台球。你们通常会在哪里打台球？那里收费贵不贵？**
Group work: Do you like playing billiards? Where do you usually play billiards and what are the prices there?
例：李明说在中国有不少台球馆，收费不太贵。他不喜欢打台球，所以不知道具体的价格。

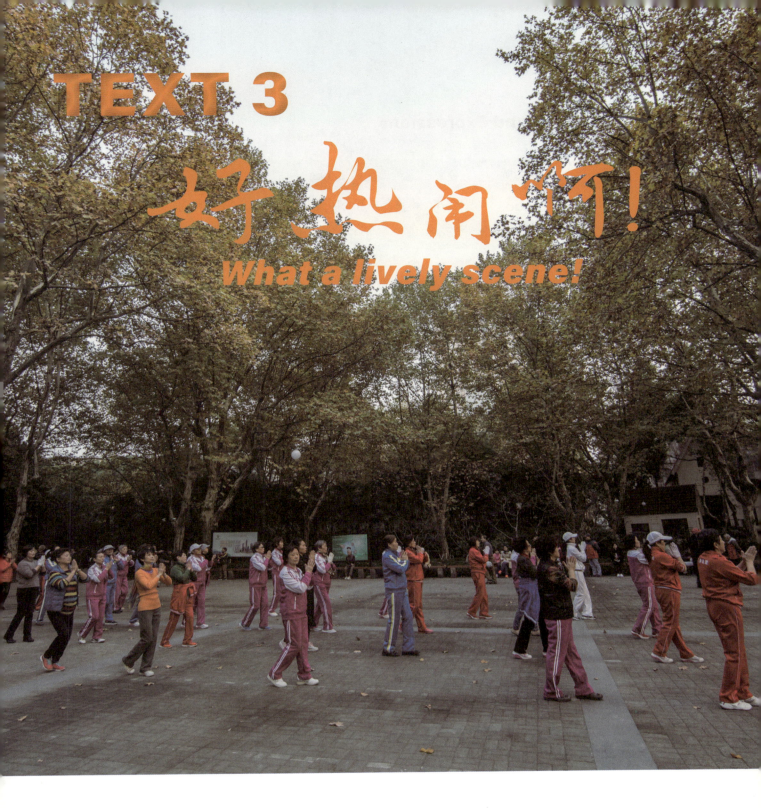

TEXT 3
好热闹啊!
What a lively scene!

热身 Warming-up

看视频**V7-3**，回答下列问题。

Watch the video V7-3 and answer the following questions.

1. 这是什么歌?
2. 阿姨们正在做什么?
3. 艾伯特跳舞了吗?

生词与短语 Words and Expressions

1	跳舞	tiàowǔ	v.	dance	跳广场舞；跳一小时舞
2	热闹	rènao	adj.	lively; busy	特别热闹
3	消食	xiāoshí	v.	help digestion	消消食；散步可以消食
4	鼓励	gǔlì	v.	encourage	鼓励她；互相鼓励
5	熟练	shúliàn	adj.	proficient	动作熟练
6	动作	dòngzuò	n.	action	舞蹈动作；跑步动作
7	标准	biāozhǔn	adj.	standardized	动作标准
8	舞蹈	wǔdǎo	n. v.	dance	
9	基础	jīchǔ	n.	base; basic skills	有基础
10	其实	qíshí	adv.	actually	
11	农民画	nóngmín huà		farmer's painting	
12	互相	hùxiāng	adv.	each other	互相学习
13	约	yuē	v.	make an appointment	约你喝茶；约着一起吃饭
14	自由自在	zìyóu-zìzài		leisurely and carefree	
15	充满	chōngmǎn	v.	be full of	房间里充满阳光
16	乐趣	lèqù	n.	joy	享受生活的乐趣

对话 Dialogue

（艾伯特和马丽塔在散步途中看到有一群人在跳广场舞。）

(Albert and Marita are walking. They find a group of people dancing in a square.)

艾伯特： 马丽塔，前面 好 热闹 啊！你听，"你 是 我 的 小 呀 小 苹果儿"，这 不 是
《小 苹果》吗？

Albert: Look, Marita, what a lively scene! Can you hear the song they are playing? Is it "Little Apple"?

马丽塔： 嗯，是《小 苹果》！阿姨们 正在 跳 广场舞 呢。你 想 不 想 跟着
跳 一 跳？

Marita: Yeah! They are dancing to the tune of "Little Apple". Do you want to dance with them?

李阿姨： Lǐ Āyí : Xiǎohuǒzi, huānyíng nǐ hé wǒmen yìqǐ tiàowǔ.
李阿姨： 小伙子， 欢迎 你和 我们 一起 跳舞。
Aunt Li: Hi, young man! Do you want to dance with us?

艾伯特： Àibótè : Wǒ tiào de bùhǎo, nǐmen tiào ba.
艾伯特： 我 跳 得 不好， 你们 跳 吧。
Albert: Well, I'm not good at dancing.

李阿姨： Lǐ Āyí : Kāishǐ dōu búhuì tiào, tiàozhe tiàozhe jiù huì le .
李阿姨： 开始 都 不会 跳， 跳着 跳着 就 会 了。
Aunt Li: It doesn't matter. Just dance and practice makes perfect.

艾伯特： Àibótè : Āyí , nǐmen wèishénme wǎnshang tiào guǎngchǎngwǔ ne?
艾伯特： 阿姨，你们 为什么 晚上 跳 广场舞 呢？
Albert: Why do you dance in the evening, auntie?

李阿姨： Lǐ Āyí : Wǎnshang hǎo a , yì fāngmiàn chī wán fàn chūlái, kěyǐ xiāo xiāo shí, lìng yì fāngmiàn tiào hǎo
李阿姨： 晚上 好 啊，一 方面 吃 完 饭 出来，可以 消 消 食，另一 方面 跳 好
wǔ huíjiā háinéng shuì ge hǎo jiào.
舞 回家 还能 睡 个 好 觉。
Aunt Li: Well, it's an ideal time. After dinner, we need some exercise to help digestion, and a little dancing makes us sleep well.

（在阿姨们的鼓励下，艾伯特越跳越熟练了。休息的时候，艾伯特和阿姨们聊起天来。）
(With the encouragement of the aunts, Albert is becoming more and more proficient in dancing. During the break, they are chatting.)

艾伯特： Àibótè : Āyí , wǒ kàn nín dòngzuò nàme biāozhǔn, yídìng yǒu wǔdǎo jīchǔ ba.
艾伯特： 阿姨，我 看 您 动作 那么 标准 ，一定 有 舞蹈 基础 吧。
Albert: Auntie, I see you can dance so well, so you must have a good foundation for that, right?

李阿姨： Lǐ Āyí : Hāhā, wǒ tài kāixīn le , qíshí, wǒ shì líng jīchǔ. Xiànzài wǒ báitiān zài lǎonián dàxué xué huà
李阿姨： 哈哈，我 太 开心 了，其实，我 是 零 基础。现在 我 白天 在 老年 大学 学 画
nóngmín huà, wǎnshang dào zhèlǐ lái tiàowǔ, hái rènshi le yì qún rèxīn de wǔ yǒu, wǒmen
农民 画， 晚上 到 这里 来 跳舞，还 认识 了 一 群 热心 的 舞 友， 我们
hùxiāng gǔlì, yìqǐ xuéxí, hái yuēzhe yìqǐ hēchá, chànggē, lǚxíng.
互相 鼓励、一起 学习，还 约着 一起 喝茶、 唱歌 、旅行。
Aunt Li: Haha, not really. I learn it from scratch. Now, I draw paintings in the University for the Elderly in the mornings and dance in the evenings. I have a group of warm-hearted friends. We encourage each other, learn together, and do many interesting things such as drinking tea, singing songs, and visiting places.

艾伯特： Àibótè : Yàoshì wǒ de shēnghuó yě kěyǐ zhème zìyóu-zìzài, chōngmǎn lèqù , nà gāi duō hǎo a !
艾伯特： 要是 我 的 生活 也 可以 这么 自由自在， 充满 乐趣，那 该 多 好 啊！
Albert: How I wish my life could be so carefree and fun!

注释 Notes

1 阿姨们正在跳广场舞呢。

广场舞：一种广受中老年人欢迎的在广场跳的舞蹈。

"正在……呢"表示动作正在进行中。

[例如]：

艾伯特和李阿姨<u>正在</u>聊天<u>呢</u>。

我们<u>正在</u>上课<u>呢</u>，不能接电话。

2 **跳着跳着就会了。**

"v.着v.着就……了"表示正在做一件事的时候发生了别的情况。

[例如]：

马克以前不会汉字，现在天天写，<u>写着写着就</u>熟练<u>了</u>。

学汉语要多说多练，<u>说着说着就</u>流利<u>了</u>。

3 **一方面吃完饭出来，可以消消食，另一方面跳好舞回家还能睡个好觉。**

"一方面……另一方面……"表示句子和句子之间的并列关系。

[例如]：

来中国学习汉语，<u>一方面</u>可以提高我的口语水平，<u>另一方面</u>也能交到很多中国朋友。

4 **在阿姨们的鼓励下，马克越跳越熟练了。**

"在+某人+的+v.+下"表示动作、行为发生的条件，一般用在句首。

[例如]：

<u>在妈妈的照顾下</u>，我的病很快就好了。

<u>在朋友的帮助下</u>，我申请到了奖学金。

5 **要是我的生活也可以这么自由自在，充满乐趣，那该多好啊！**

"要是……那该多好啊"表示自己心中的愿望或对他人的羡慕之情。

[例如]：

<u>要是</u>我可以和姐姐一起去留学，<u>那该多好啊！</u>

<u>要是</u>明天不下雨，<u>那该多好啊！</u>

你来说 Let's Talk

1 **根据对话内容，回答问题。**

Answer the following questions according to the dialogue.

1. 艾伯特和马丽塔散步的时候有什么新发现？

2. 李阿姨为什么喜欢晚上跳广场舞？

3. 艾伯特羡慕李阿姨的生活吗？为什么？你呢？

2 情景对话：阿姨们正在跳广场舞，艾伯特想加入一起跳。请根据这个情景，分别选择不同的角色，展开对话。

Pair work: Albert wants to join the aunts who are dancing in the square. Play roles in the situation and make a conversation with your partner.

3 小组讨论：说说你和朋友们休息时都喜欢做什么。你们会参加哪些活动？为什么喜欢参加这个活动？

Group work: Talk about what you and your friends like to do when you are having free time. What activities do you like to do? Why do you like to participate in these activities?

例：我休息的时候喜欢一个人在家看电影。我的朋友丽丽喜欢唱歌，她觉得唱歌可以跟大家一起，人多很热闹。

文化拓展
Cultural Notes

1 看视频**V7-4**（《海派百工》第二季第30集《金山农民画》），回答下列问题。
Watch the video V7-4 and answer the following questions.

1. 她是怎么成为农民画画家的？
2. 金山农民画有哪些特点？
3. 金山农民画画的是什么？你喜欢农民画吗？为什么？

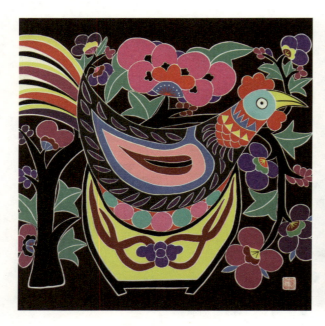

《孵蛋》——阮四娣

《鸡与花》——阮四娣

2 阅读文章，与同学一起讨论，谈谈农民画画家阮四娣在学习农民画的过程中克服了哪些困难，为什么她的农民画不仅广受欢迎，而且能得奖呢。

　　她72岁才开始学习画画，谁也没想到她的第一幅作品《竹林里的吹笛人》就获得了上海市"江南之春"美展一等奖。后来，98岁时，她被文化部授予"2004年中国现代民间绘画优秀画家"称号。

　　她说："画画是为了好看，要选最美的来画。"花比鸡脚美多了，于是，她别出心裁地把鸡脚也画成了花的样子。年纪大了，画不了线条，怎么办？不怕。她本来就是剪纸高手，只要把心中理想的画面用剪刀剪出来，就可以照着剪纸描出完美的线条。就这样，她创作出了一幅幅接近大地、接近心灵的农民画作品。

　　她就是金山农民画画家阮四娣。

学习档案
Learning Portfolios

根据下列场景分别写出3个有用的句子。
Write 3 useful sentences based on the following scenarios.

场景1：在滨江饭店预定一个可以看到江景的 6 人小包厢。
Scenario 1: Book a room for 6 people with a great view at the Riverside Hotel.

_____

_____

_____

场景2: 在篮球馆预约时间。
Scenario 2: Make an appointment at the basketball hall.

_____

_____

_____

场景3：向在国外的朋友介绍中国老年人的生活。
Scenario 3: Tell your friends abroad about the life of the Chinese elderly.

_____

_____

_____

城市小贴士
Overview of Shanghai

　　上海属北亚热带季风性气候，四季分明，日照充分，雨量充沛。上海气候温和湿润，春秋较短，冬夏较长。上海每年都会举办上海旅游节、市民文化节等重大文化活动。

　　每年10月31日是"世界城市日"。这是首个由中国在联合国推动设立的国际日。在首届世界城市日论坛上，上海提出了"15分钟社区生活圈"基本概念。社区生活圈是什么？宜居、宜业、宜游、宜学、宜养，是15分钟路程上的美好愿景。便利、安全、绿色、健康、舒适、友好，是美好生活的本源。

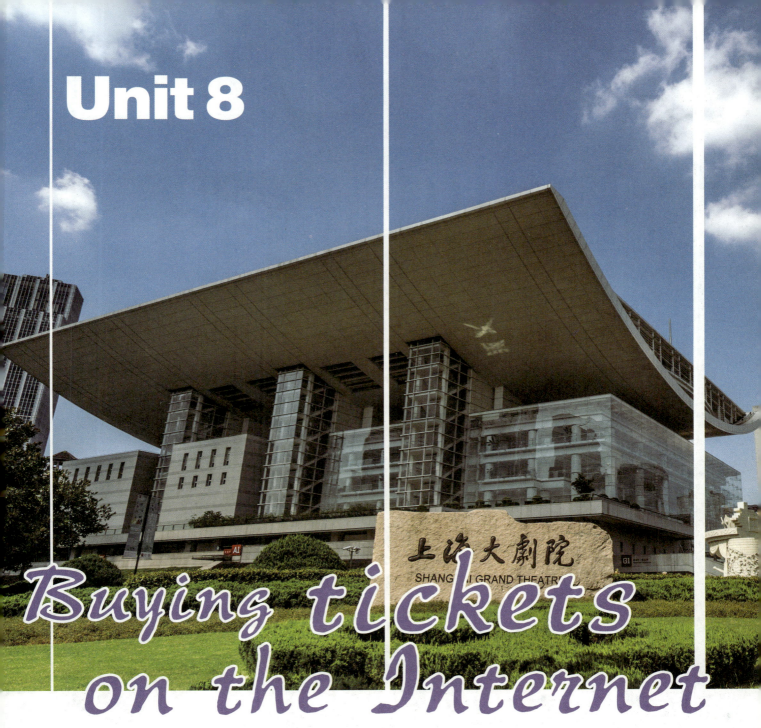

Unit 8

Buying tickets on the Internet

学习目标
Learning Objectives

第八单元

买票攻略

➤ 学会买票并就自己想买的票种进行讨论。
Learn to buy tickets and discuss what tickets you want to buy.

➤ 学会在网上购买自己想要的票。
Learn to buy the tickets you want online.

➤ 学会预约或取消预约已购票。
Learn to make or cancel reservations for purchased tickets.

TEXT 1

有学生票吗？
Can I buy a student ticket?

热身　Warming-up

看视频**V8-1**，回答下列问题。

Watch the video V8-1 and answer the following questions.

1. 谁想去豫园？
2. 豫园需要门票吗？
3. 什么票可以半价？

生词与短语 Words and Expressions

1	谈论	tánlùn	v.	talk about; discuss	谈论天气
2	门票	ménpiào	n.	ticket	三张门票
3	学生票	xuéshēng piào	n.	student ticket	
4	半价	bànjià	n.	half price	半价票;第二份半价
5	售票处	shòupiàochù	n.	ticket office	
6	排队	páiduì	v.	queue up	排队等车;排一小时队
7	团体票	tuántǐ piào	n.	group ticket	
8	因为	yīnwèi	conj.	because	
9	需要	xūyào	v.	need	老年人不需要买票
10	学生证	xuéshēng zhèng	n.	student card	

对话 Dialogue

（教室里，马克、由美、琳琳谈论豫园门票。）
(In the classroom, Mark, Yumi, and Linlin are talking about Yuyuan Garden tickets.)

Yóuměi: Línlin, wǒ hé Mǎkè xiǎng qù Yùyuán wán, Yùyuán yào ménpiào ma?
由美： 琳琳，我和马克想去豫园玩，豫园要门票吗？
Yumi: Linlin, we want to visit Yuyuan Garden. Do we need to buy tickets?

Línlin: Yào ménpiào.
琳琳： 要门票。
Linlin: Yes, you need to buy a ticket to get in.

Yóuměi: Yǒu xuéshēng piào ma?
由美： 有学生票吗？
Yumi: Can I buy a student ticket?

Línlin: Yǒu, xuéshēng piào bànjià.
琳琳： 有，学生票半价。
Linlin: Of course. You can buy a student ticket at half price.

Mǎkè: Tài bàng le! Xièxie!
马克： 太棒了！谢谢！
Mark: Great! Thank you.

（马克和由美来到了豫园门口，他们向路人询问售票处在哪里。）
(Mark and Yumi are at the gate of Yuyuan Garden, and they are asking a passerby where the ticket office is.)

Mǎkè： Qǐngwèn zài nǎr mǎi piào？
马克： 请问 在哪儿买 票？
Mark: Excuse me, where can we buy tickets?

Lùrén： Zài shòupiàochù mǎi piào.
路人： 在 售票处 买 票。
Passerby: At the ticket office.

Yóuměi： Shòupiàochù zài nǎr ？
由美： 售票处 在哪儿？
Yumi: Where is the ticket office?

Lùrén： Zài nàbiān páiduì.
路人： 在 那边 排队。
Passerby: Please line up over there.

Mǎkè： Xièxie！
马克： 谢谢！
Mark: Thank you.

Lùrén： Búkèqi .
路人： 不客气。
Passerby: You're welcome.

（三人来到售票处。）

(They are at the ticket office now.)

Mǎkè： Línlin， zhè shì jiàmùbiǎo ma？
马克： 琳琳，这是 价目表 吗？
Mark: Linlin, is this a price table?

Línlin： Shì de， dì-yī gè shì tuántǐ piào， dì-èr gè shì chéngrén piào， dì-sān gè shì xuéshēng piào.
琳琳： 是的，第一个是 团体 票，第二个是 成人   票，第三个是 学生   票。
Linlin: Yes, it is. The first one is about group tickets, and the second and third are tickets for adults and students, respectively.

Mǎkè： Wǒmen mǎi shénme piào？
马克： 我们买 什么 票？
Mark: What kind of tickets are we going to buy?

Línlin： Wǒmen mǎi xuéshēng piào， yīnwèi xuéshēng piào bànjià.
琳琳： 我们买 学生 票，因为 学生 票半价。
Linlin: We can buy student tickets at half price.

Yóuměi： Xūyào xuéshēng zhèng ma？
由美： 需要 学生   证 吗？
Yumi: Do we need to show our student cards?

Línlin： Xūyào， dàjiā dài xuéshēng zhèng le ma？
琳琳： 需要，大家带 学生   证 了吗？
Linlin: Yes. Have you got that?

Mǎkè， Yóuměi： Dàile！
马克、 由美： 带了！
Mark and Yumi: Yes.

注释 Notes

1 **豫园要门票吗？**

豫园是中国南方园林的代表，是国家重点文物保护单位。参观豫园需要先买门票。豫园门票的价格不贵，分为旺季价格(4月—6月，9月—11月)和淡季价格(7月—8月，12月—3月)，旺季价格的成人票40元，淡季价格30元。60岁以上老年人、学生凭证件可以享受半价优惠，1.2米以下的儿童可以享受免门票。

2 **请问在哪儿买票？**

"在哪儿+v."用来询问在哪儿做什么。

[例如]：

请问**在哪儿**付款？

请问**在哪儿**试衣服？

3 **第一个是团体票，第二个是成人票，第三个是学生票。**

"第一、第二、第三"是序数词，"第+数字"表示顺序。

[例如]：

名单上**第五**个是我。

他获得了**第一**名。

4 **需要学生证吗？**

"……证"表示某种身份或资格的凭证。

[例如]：

这是我的工作**证**。

请出示你的驾驶**证**。

你来说 Let's Talk

1 **根据对话内容，回答问题。**

Answer the following questions according to the dialogue.

1. 马克他们知道售票处在哪儿吗？

2. 豫园需不需要买票？

3. 有几种票？买什么票需要学生证？

2 情景对话：马克和同学们在豫园门口买票。根据这个情景，分别选择不同的角色，展开对话。

Pair work: Mark and his classmates are going to buy tickets at the gate of Yuyuan Garden. Play roles in this situation and make a conversation with your partner.

3 小组讨论：你有没有在中国买过门票？分别是哪些地方的门票？你去那儿玩得开心吗？

Group work: Have you ever bought tickets in China? Tell the class what the tickets were for and whether you had a great time there.

例：我买过门票，是上海东方明珠的门票。在东方明珠上往下看上海的景色，太漂亮啦！

TEXT 2

用手机app，
很方便！

**This mobile app is
very easy to use!**

热身 **Warming-up**

看视频**V8-2**，回答下列问题。

Watch the video V8-2 and answer the following questions.

1. 他们打算怎么买票？
2. 琳琳教谁买票？
3. 阿力也下载了app吗？

生词与短语 Words and Expressions

1	知道	zhīdào	v.	know	我不知道；大家都知道
2	手机	shǒujī	n.	mobile phone	智能手机
3	教	jiāo	v.	teach	教中文
4	下载	xiàzài	v.	download	
5	展览馆	zhǎnlǎnguǎn	n.	exhibition hall	一家展览馆
6	取票	qǔpiào	v.	get a ticket	
7	机	jī	n.	machine	取票机；电视机
8	这里	zhèlǐ	pron.	here	在这里排队
9	收到	shōudào	v.	receive	收到信息

对话 Dialogue

（马克、由美、阿力和琳琳四个人打算在手机上买艺术展的票。）
(Mark, Yumi, Ali and Linlin are going to buy tickets for an art exhibition.)

Mǎkè: Nǐmen zhīdào zěnme yòng shǒujī mǎi piào ma?
马克：你们 知道 怎么 用 手机 买 票 吗？
Mark: Do you know how to buy tickets by phone?

Línlin: Zhīdào, wǒ jiāo nǐ! Yòng shǒujī app, hěn fāngbiàn.
琳琳：知道，我 教 你！用 手机 app，很 方便 。
Linlin: I know. Let me show you. This mobile app is very easy to use!

Mǎkè: Ò, hǎo de, wǒ xiàzài yí xià.
马克：哦，好的，我 下载 一下。
Mark: OK. Let me download it first.

Ālì: Wǒ yě xiàzài yí gè.
阿力：我 也 下载 一个。
Ali: I'll download it, too.

Yóuměi: Mǎkè, nǐ bāng wǒ hé Línlin mǎi liǎng zhāng piào ba. Xièxie!
由美：马克，你 帮 我 和 琳琳 买 两 张 票 吧。谢谢！
Yumi: Mark, please buy two tickets for Linlin and me. Thank you!

Mǎkè: Méi wèntí!
马克：没 问题！
Mark: No problem!

Ālì: Nǐmen yìqǐ mǎi ba, wǒ zìjǐ mǎi.
阿力：你们 一起 买 吧，我 自己 买。
Ali: I'll try to buy my ticket then.

（马克、由美、阿力和琳琳四个人在展览馆的取票机前，准备取票。）
(Mark, Yumi, Ali and Linlin are at the ticket machine in the exhibition hall, and they are ready to get their tickets.)

Línlin： Zhè shì qǔpiào jī， zài zhèlǐ qǔpiào.
琳琳： 这 是 取票 机，在 这里 取票。
Linlin: Look, the ticket machine! We can get our tickets here.

Ālì ： Zěnme qǔ ne？
阿力： 怎么 取 呢？
Ali: How do I get them out?

Línlin： Mǎi wán piào， nǐ shōudào yí gè èrwéimǎ， sǎo yi sǎo jiù kěyǐ.
琳琳： 买 完 票，你 收到 一个 二维码，扫 一 扫 就 可以。
Linlin: After the payment, you can receive a QR code. Just scan the code.

Ālì ： Hǎode， wǒ lái sǎo yi sǎo.
阿力： 好的，我 来 扫 一 扫。
Ali: OK. Let me have a scan first.

Línlin（duì Mǎkè shuō）： Bāng wǒmen yě qǔ yíxià ba!
琳琳（对 马克 说）： 帮 我们 也 取 一下 吧!
Linlin (to Mark): Please help us to get the tickets, Mark.

Mǎkè： Hǎo de!
马克： 好 的!
Mark: OK!

注释 Notes

1 **你们知道怎么用手机买票吗？**

"怎么+v." 表示询问做某事的方式。

[例如]：

明天你们**怎么去**公园？

迪士尼的门票应该**怎么买**啊？

2 **我下载一下。**

"下载" 与 "上传" 相对。

[例如]：

只有会员才能**下载**。

等我把文件**上传**好就发送邮件。

3 好的，我来扫一扫。

"v.+一+v."表示动作进行的次数少、时间短、程度轻。

[例如]：

我去书店**看一看**有什么要买的。

你让我**想一想**再回答你。

4 帮我们也取一下吧！

"也"在这里表示同样。

[例如]：

我**也**爱吃香蕉。

明天你们去游泳，我**也**去。

你来说 Let's Talk

1 根据对话内容，回答问题。
Answer the following questions according to the dialogue.

1. 由美和琳琳的票是谁买的？

2. 怎么取票？

3. 马克一共取了几张票？

2 情景对话：马克、由美、阿力想去杭州玩，他们打算在app上买高铁票。根据这个情景，分别选择不同的角色，展开对话。
Pair work: Mark, Yumi and Ali want to visit Hangzhou, and they are going to buy high-speed railway tickets on a mobile app. Play roles in this situation and make a conversation with your partner.

3 小组讨论：你知不知道怎么买电影票？你喜欢在售票处买票，还是在手机上买呢？
Group work: Do you know how to buy movie tickets? Do you prefer to buy tickets at the ticket office or on your mobile phone?
例：我知道两种买票方式。一种是在售票处买，另一种是在手机app上买。我喜欢在手机上买票，我觉得这样很方便。

TEXT 3

你预约了哪个时间段?

What time period did you reserve?

热身 **Warming-up**

看视频**V8-3**，回答下列问题。

Watch the video V8-3 and answer the following questions.

1. 艾伯特和谁去博物馆?
2. 马丽塔明天有安排吗?
3. 艾伯特想去博物馆看什么?

生词与短语 Words and Expressions

1	上海博物馆 Shànghǎi Bówùguǎn		Shanghai Museum	
2	安排	ānpái	n.	arrangement	有安排；没有安排
3	暂时	zànshí	adv.	temporarily	暂时不知道
4	亲眼	qīnyǎn	adv.	with one's own eyes	亲眼看到
5	镇馆之宝	zhènguǎnzhībǎo		treasure of the museum	
6	值得一看	zhídéyíkàn		worth seeing	
7	预约	yùyuē	v.	make an appointment	预约门票
8	时间段	shíjiān duàn	n.	period of time	
9	事先	shìxiān	adv.	in advance	事先告知
10	微信公众号 wēixìn gōngzhònghào		WeChat official account	关注微信公众号
11	临时有事	línshí yǒushì		Something has come up.	
12	恐怕	kǒngpà	adv.	I'm afraid that...	恐怕来不了
13	情况	qíngkuàng	n.	situation	
14	约满	yuē mǎn	v.	be fully booked	
15	取消	qǔxiāo	v.	cancel	取消预约；取消课程
16	重新	chóngxīn	adv.	again	重新做

对话 Dialogue

（艾伯特和马丽塔一起在食堂吃饭，他想约马丽塔一起去上海博物馆。）

(Albert is having lunch with Marita at the canteen, and he wants to invite her to visit Shanghai Museum.)

Àibótè : Mǎlìtǎ, míngtiān xiàwǔ nǐ yǒu shénme ānpái ma?
艾伯特：马丽塔，明天 下午你有 什么 安排 吗？

Albert: Marita, do you have any plans for tomorrow afternoon?

Mǎlìtǎ : Zànshí méiyǒu, nǐ yǒu shénme shì ma?
马丽塔：暂时 没有，你有 什么 事吗？

Marita: No, not yet. Do you have any plans?

Àibótè : Wǒ xiǎng qù cānguān Shànghǎi Bówùguǎn, nǐ qù bu qù? Wǒ yìzhí xiǎng qù qīnyǎn kànkan
艾伯特：我 想 去 参观 上海 博物馆，你去不去？我 一直 想 去 亲眼 看看
Shànghǎi Bówùguǎn de zhènguǎnzhībǎo.
上海 博物馆 的 镇馆之宝 。

Albert: I want to visit Shanghai Museum. Do you want to go with me? I want to have a look at the treasures there.

马丽塔： Mǎlìtǎ： Hǎo a， nàgè fěncǎi fú táo wén gǎnlǎn píng quèshí zhídé yí kàn． Nǐ yùyuēle nǎgè shíjiān duàn？
马丽塔： 好啊，那个 粉彩 蝠桃 纹 橄榄 瓶 确实 值得 一 看。你 预约了 哪个 时间 段？

Marita: Sounds great! That pastel manta peach olive bottle is really worth seeing. What time period did you reserve?

Àibótè： Wǒ hái bù zhīdào yào yùyuē ne． Wǒ yǐwéi jìrán shì kěyǐ miǎnfèi cānguān， jiù búyòng shìxiān mǎi piào le．
艾伯特： 我 还 不 知道 要 预约 呢。我 以为 既然 是 可以 免费 参观 ，就 不用 事先 买 票 了。

Albert: I didn't know we had to reserve first. I thought it was free to visit, so I don't need to buy a ticket in advance.

Mǎlìtǎ： Miǎnfèi bù miǎn piào a． Zhèyàng ba， wǒmen xiànzài yìqǐ zài Shànghǎi Bówùguǎn Wēixìn gōngzhònghào shang yùyuē yí xià， hěn fāngbiàn de．
马丽塔： 免费 不 免 票 啊。这样 吧， 我们 现在 一起 在 上海 博物馆 微信 公众号 上 预约 一下，很 方便 的。

Marita: It's free of charge but we still need to make a reservation in advance. Let's make the reservation together! We can do that via WeChat. It's very convenient.

（第二天艾伯特临时有事，去不了博物馆了。）

(Albert has something else to do the next day and he cannot visit the museum.)

Àibótè： Mǎlìtǎ， wǒ jīntiān línshí yǒushì， kǒngpà qùbuliǎo bówùguǎn le． Wǒmen míngtiān xiàwǔ zài qù， hǎo ma？
艾伯特： 马丽塔，我 今天 临时 有事， 恐怕 去不了 博物馆 了。我们 明天 下午 再 去，好 吗？

Albert: Marita, I'm sorry. I have something else to do today, and I'm afraid I won't be able to go to the museum. Can we put it off to tomorrow afternoon?

Mǎlìtǎ： Hǎo de． Wǒ lái kàn yí xià yùyuē qíngkuàng． ⋯⋯Míngtiān xiàwǔ yǐjīng yuē mǎn le． Hòutiān xiàwǔ hái kěyǐ yuē． Duì le， nǐ qǔxiāo yùyuē le méiyǒu？
马丽塔： 好 的。我 来 看 一下 预约 情况 。⋯⋯ 明天 下午 已经 约 满 了。后天 下午 还 可以 约。对 了，你 取消 预约 了 没有？

Marita: It's OK. Let me check out the reservation first. It shows "Full" for tomorrow afternoon. Maybe the day after tomorrow? By the way, did you cancel your reservation?

Àibótè： Yǐjīng qǔxiāo hǎo le， jiù děng hé nǐ yìqǐ chóngxīn yùyuē le．
艾伯特： 已经 取消 好 了，就 等 和 你 一起 重新 预约 了。

Albert: Yes, I did. We can reserve again together.

注释 Notes

1 **好啊，那个粉彩蝠桃纹橄榄瓶确实值得一看。**

"值得一+v."表示说话人认为去做某事会有好的结果。

这里的动词v.一般都是单音节词。

[例如]：

上海博物馆**值得一**去。

无人驾驶出租车**值得一**试。

雍正粉彩蝠桃纹橄榄瓶是绝世珍品、国宝级瓷器，产于清雍正年间(1723—1735)。其造型流畅优美，由粉彩绘制图案，瓶上所绘的八只桃子、两只蝙蝠寓意"福寿双全"。曾流失海外多年。2002年，张永珍女士以刷新当时清代瓷器拍卖记录的4150万港币拍得后，捐献给了上海博物馆，现为上海博物馆镇馆之宝，常年在其瓷器馆展出。

2 **我今天临时有事，恐怕去不了博物馆了。**

"恐怕……"表示说话人担心，不希望发生的事可能会发生。

[例如]：

明天**恐怕**会下大雨。

如果知道爷爷病得很重，**恐怕**他会非常伤心。

3 **对了，你取消预约了没有？**

"对了"在对话中常用来转移话题，提出一个新的话题。

[例如]：

——现在下课。**对了**，别忘了准备明天的发言哦。

——好的，老师。

——这个菜味道真不错。**对了**，你想好给妈妈买什么礼物了吗？

——想好了，丝巾。

4 **已经取消好了，就等和你一起重新预约了。**

"重新"表示从头开始再一次做一件事。

[例如]：

不好意思，我没听清楚，请**重新**再说一遍。

老师，我对这次的作文不太满意，能不能**重新**再写一篇？

你来说 Let's Talk

1 **根据对话内容，回答问题。**
Answer the following questions according to the dialogue.

1. 想去上海博物馆该怎么预约呢？

2. 已经预约好了，但有事去不了，应该怎么做？

3. 去博物馆你喜欢预约吗？为什么？

2 **情景对话：马克和琳琳在微信小程序上预约"朵云书店"。根据这个情景，分别选择不同的角色，展开对话。**
Pair work: Mark and Linlin want to reserve a visit to a bookstore called "Duoyun" (a cloud) on WeChat. Play roles in this situation and make a conversation with your partner.

3 **小组讨论：说说你有没有用过手机app预定火车票。你能给同学们演示一下订票的方法吗？**
Group work: Have you ever bought train tickets via mobile apps? Can you show us how to do that?

例：首先打开微信小程序，然后点击这里，选择出行的时间……

文化拓展
Cultural Notes

1 看视频**V8-4**（《海派百工》第二季第29集《沪剧》），回答下列问题。
Watch the video V8-4 and answer the following questions.

1. 沪剧的历史很长吗？
2. 与别的剧种相比，沪剧有哪些特点？
3. 现在沪剧的环境好吗？为什么？

2 阅读文章，与同学一起讨论，谈谈沪剧的音乐有哪些特点，沪剧的演出内容主要是哪些方面。

　　沪剧是用上海方言表演的地方传统戏剧，国家级非物质文化遗产之一。沪剧音乐婉转柔和，曲调优美动听，以表演现代生活为主，是上海地域文化的典型代表。沪剧题材丰富，从不同侧面反映了近现代中国大都市的风貌，其代表剧目有《卖红菱》《雷雨》《罗汉钱》《芦荡火种》等。2012年问世的原创沪剧《挑山女人》是沪剧有史以来在全国戏剧舞台上获奖最多的剧目。

学习档案
Learning Portfolios

根据下列场景分别写出3个有用的句子。
Write 3 useful sentences based on the following scenarios.

场景1：告诉朋友去买学生票需要带什么。
Scenario 1: Tell a friend what is needed when buying a student ticket.

_____

_____

_____

场景2: 在app上帮助由美买迪士尼门票。
Scenario 2: Help Yumi buy Disney tickets via mobile apps.

_____

_____

_____

场景3：寒假你们打算去北京的故宫，尝试预约故宫的参观时间。
Scenario 3: You plan to go to the Forbidden City in Beijing during the winter holiday and you need to reserve the visiting time in advance.

_____

_____

_____

城市小贴士
Overview of Shanghai

　　上海有丰富、多元的文化生活。

　　上海已发展出成熟的博物馆体系和多元的文化格局，想看古代艺术可以去上海博物馆，想了解近现代艺术可以去中华艺术宫，想领略当代艺术就去上海当代艺术博物馆……这些各具特色的博物馆、展览馆从不同角度丰富了上海的文化形象，帮助上海迈入国际文化大都市的行列。

　　此外，上海有大量知名剧院，如上海大剧院、上海话剧艺术中心、上海音乐厅、上海文化广场、上海东方艺术中心等。这些场馆举办的各类演出也为上海的文化生活增加了不少色彩。